ADGG039PO

INTERNET Y FUNDAMENTOS DE DISEÑO DE PÁGINAS WEB

ADGG039PO

INTERNET Y FUNDAMENTOS DE DISEÑO DE PÁGINAS WEB

Pablo E. Fernandez Casado

La ley prohíbe
fotocopiar este libro

ADGG039PO - INTERNET Y FUNDAMENTOS DE DISEÑO DE PÁGINAS WEB
Thema: UGB Gráficos y diseño web
Bisac: COM062000
© Pablo E. Fernandez Casado
© De la edición: Ra-Ma 2024

Editado por:
RA-MA Editorial
Calle Jarama, 3A, Polígono Industrial Igarsa
28860 PARACUELLOS DE JARAMA, Madrid
Teléfono: 91 658 42 80
Fax: 91 662 81 39
Correo electrónico: *info@grupoeditorialrama.com*
Internet: *www.ra-ma.es* y *www.ra-ma.com*
ISBN impreso: 978-84-10181-85-4
Depósito legal: M-8639-2024
Maquetación: Antonio García Tomé
Diseño de portada: Antonio García Tomé
Filmación e impresión: Safekat
Impreso en España en marzo de 2024

*La ciencia más útil
es aquella cuyo fruto
es el más comunicable*

ÍNDICE

SOBRE EL AUTOR

Ingeniero informático. UX Manager, Full Stack Analyst Developer y formador certificado por el SEPE, con más de 25 años de experiencia en el campo del desarrollo de sistemas y más de 15 en el campo del diseño de aplicaciones y webs, UX, usabilidad web y accesibilidad web.

Especializado en proveer soluciones integrales de bajo coste y consultorías de Usabilidad Web, Accesibilidad Web y Experiencia de Usuario (UX), además de ofrecer asesoramiento en SEO, optimización de sistemas y páginas web.

Experto en JavaScript, Web Components, JSON, JSON-LD, AJAX, HTML, CSS, MySQL, Oracle, PHP, JSP, GIT, Apache, SSI, LMS, CMS, Prestashop, Photoshop, Canva, Cordova.

- ⚑ **LinkedIn:** www.linkedin.com/in/pefernandezcasado
- ⚑ **Sitio web:** https://islavisual.com/

GLOSARIO DE TÉRMINOS

A continuación, se explican algunos conceptos previos que se deben tener antes de empezar con el curso.

Concepto	Descripción
Accesibilidad Web	La accesibilidad web es una de las partes que engloba la usabilidad web. Mientras que la usabilidad web, entre otras cosas, se centra en el rendimiento, la semántica y la universalidad, la accesibilidad web, se asegura de que todo tipo de usuario, tenga o no una limitación, discapacidad o incapacidad, puedan usar las páginas y aplicaciones con una experiencia de usuario óptima.
Agente de usuario	Es un programa informático o software que funciona como interfaz de interacción web o cliente de red. Habitualmente, este tipo de software hace referencia a los navegadores web y herramientas de asistencia a la accesibilidad como puedan ser los magnificadores de pantalla, los lectores de pantalla, etcétera.
Diseño Gráfico	Podría definirse como una disciplina que consiste en presentar información visual y cuyo objetivo es que, los usuarios, capten mensajes específicos sobre un tema o materia determinada.
IDE	IDE es un acrónimo que significa Entorno de Desarrollo Integrado. Su función, es la de mejorar la productividad de los desarrolladores valiéndose de unas herramientas para la edición de código, de construcción automáticas que evitan, entre otras cosas, errores de sintaxis y de estructuración y, un depurador. También pueden contener un compilador y/o intérprete como es el caso de NetBeans o Eclipse.
Lenguaje de marcado	Un lenguaje de marcado es un mecanismo para codificar documentos con todo tipo de objetos, sean textuales o no textuales. Esta codificación, a menudo, permite el uso de etiquetas y atributos para proporcionar información adicional a la estructura del texto o su presentación.

Metadato	Un metadato puede definirse como información adicional acerca de los propios datos. Muchos autores lo definen como datos sobre los datos, que es una forma de decir el contexto de los datos o a qué se refieren esos datos. Normalmente, el identificador del metadato ya indica su objetivo y, su valor, indica la explicación o contextualización.
Microdato	Los microdatos son unas marcas adicionales que se emplean para anidar metadatos sobre una información concreta dentro de un documento basado en lenguaje de marcado.
Polyfill	Un polyfill es un componente o fragmento de código que habilita o posibilita una funcionalidad que el agente de usuario no es capaz de proporcionar, ya sea porque es antiguo, ya sea porque utiliza un estándar incompatible.
Mobile First	Mobile First es una disciplina que considera que las páginas se deben diseñar dando prioridad a los dispositivos móviles, es decir, primero se tiene en cuenta el diseño par un dispositivo móvil y, si el escenario lo permite o es diferente, se le aplican una serie de reglas para su adecuado funcionamiento y correcta visualización.
Seguridad Web	La seguridad web se refiere cómo se debe contemplar o proveer la seguridad de la información en las páginas y aplicaciones, sean del tipo que sean. Su objetivo es evitar ataques de usuarios malintencionados y de softwares diseñados con un propósito no lícito o ético. En otras palabras, es una disciplina que permite proteger contra el acceso, manipulación, destrucción e interrupción de información no autorizado.
Semántica Web	La semántica web es un conjunto de recomendaciones y estándares desarrolladas por la W3C (World Wide Web Consortium) que están pensadas para hacer que los datos se vuelvan más legibles.
Usabilidad Web	En términos generales, la usabilidad se refiere a la facilidad con la que las personas utilizan los programas y máquinas que deben de manejar. En el campo de la informática, la usabilidad se refiere a la facilidad con la que las personas manejan las páginas y aplicaciones, sean web o móviles. Por tanto, un diseño usable es aquel que está centrado en el usuario.

1

INTRODUCCIÓN A INTERNET

1.1 INTRODUCCIÓN A INTERNET

Internet se define como una red global de computadoras interconectadas que se comunican entre sí a través de una serie de protocolos estándar. Fue concebida como un sistema descentralizado de comunicaciones que permitía el intercambio de información entre computadoras ubicadas en diferentes partes del mundo y su creación y desarrollo han sido un proceso evolutivo que ha involucrado a múltiples investigadores, instituciones y organizaciones a lo largo de varias décadas.

Según se cree, el origen de Internet se remonta a los primeros experimentos de redes de computadoras en la década de 1960, como el proyecto ARPANET financiado por el Departamento de Defensa de los Estados Unidos. ARPANET fue una red pionera que utilizó el conmutado de paquetes como método de transmisión de datos, sentando las bases para el desarrollo de la red global que conocemos hoy.

No obstante, a medida que la tecnología de redes fue evolucionando, surgieron nuevos protocolos y estándares que permitieron la conexión de redes más amplias y la creación de servicios y aplicaciones innovadoras. Entre los protocolos fundamentales que sustentan Internet podemos encontrar el Protocolo de Internet (IP), que permite la identificación y el enrutamiento de paquetes de datos, y el Protocolo de Control de Transmisión (TCP), que facilita la transmisión confiable de datos entre sistemas finales.

El objetivo principal de Internet es facilitar la comunicación y el intercambio de información a escala mundial y, entre sus principales usos y funciones destaca:

▶ **Comunicación**:

Puesto que permite la comunicación instantánea entre personas ubicadas en diferentes partes del mundo a través de servicios como el correo electrónico, la mensajería instantánea, las redes sociales y las videoconferencias.

▶ **Acceso a la información**:

Puesto que proporciona acceso a una vasta cantidad de información y recursos en línea, incluidos sitios web, enciclopedias en línea, bibliotecas digitales, blogs y foros de discusión.

▶ **Comercio electrónico**:

Puesto que ha transformado la forma en que se realizan las transacciones comerciales, permitiendo la compra y venta de bienes y servicios a través de tiendas online, plataformas de comercio electrónico y sistemas de pago digitales.

▶ **Educación y entretenimiento**:

También es importante destacar este punto puesto que se ha convertido en una herramienta invaluable para la educación, ofreciendo recursos educativos en línea, cursos en línea, tutoriales, clases virtuales y plataformas de aprendizaje colaborativo. Y, como no, también se ha vuelto una fuente importante en el entretenimiento ya que ofrece múltiples opciones, como la reproducción de música y vídeo, juegos online, interacción en redes sociales, creación y reproducción de podcasts y publicación de blogs especializados y de contenido multimedia.

1.2 NAVEGADORES DE INTERNET

Los navegadores de Internet son aplicaciones de software diseñadas para permitir a los usuarios acceder y visualizar contenido en Internet. Estas aplicaciones interpretan el código HTML, CSS y JavaScript de los sitios web y presentan el contenido de manera gráfica en la pantalla del usuario. Fueron creados para facilitar la navegación por la World Wide Web, permitiendo a los usuarios buscar, acceder y consumir información en línea de manera intuitiva y eficiente.

El primer navegador web fue desarrollado por Tim Berners-Lee en 1990 y fue denominado como WorldWideWeb, aunque más tarde fue rebautizado como Nexus. Este navegador fue diseñado como parte del proyecto World Wide Web (WWW) que

Berners-Lee había iniciado en el CERN (Organización Europea para la Investigación Nuclear) y su objetivo principal era el de crear un sistema de información distribuido que permitiera a los científicos compartir y acceder a documentos y recursos de investigación de una manera fácil y eficiente.

El navegador WorldWideWeb (o Nexus) fue una aplicación de software bastante rudimentaria en comparación con los navegadores actuales. Sin embargo, sentó las bases para el desarrollo de navegadores más avanzados que surgirían en los años venideros.

En la actualidad, los navegadores web permiten a los usuarios acceder y consumir contenidos de manera rápida, segura y eficiente. Algunas de sus funciones principales son:

▶ **Navegación por páginas web**:

Permitiendo a los usuarios visitar sitios web escribiendo la dirección o URL en la barra de direcciones o haciendo clic en enlaces.

▶ **Renderización de contenido**:

Interpretando el código HTML, CSS y JavaScript de los sitios web y presentar el contenido de manera adecuada y legible en los dispositivos de usuario, generalmente pantallas.

▶ **Gestión de sitios favoritos**:

Permitiendo guardar y organizar sus direcciones o URLs favoritas (actualmente más conocidos como marcadores) para acceder rápidamente a sitios web específicos.

▶ **Gestión de pestañas**:

Permitiendo tener abiertas múltiples páginas o sitios web en pestañas separadas dentro de la misma ventana del navegador.

▶ **Búsqueda Web**:

Ofreciendo herramientas de búsqueda integradas que permitan a los usuarios buscar información en Internet utilizando motores de búsqueda tan populares como Google, Bing o Yahoo.

▶ **Seguridad y Privacidad**:

Proporcionando características de seguridad y privacidad, como bloqueo de ventanas emergentes, navegación privada, protección contra malware y phishing, y administración de cookies.

1.3 EL CORREO ELECTRÓNICO EN INTERNET

El correo electrónico, comúnmente conocido como email, es uno de los servicios más antiguos y fundamentales de Internet. Permite el intercambio de mensajes y archivos digitales entre usuarios a través de la red.

El correo electrónico es una herramienta fundamental en el mundo moderno, ya que proporciona un medio eficiente, rápido y económico para la comunicación y la transferencia de información online. Es ampliamente utilizado tanto a nivel personal como profesional y sigue siendo uno de los servicios más utilizados en Internet, a pesar del surgimiento de nuevas formas de comunicación digital.

Su historia se remonta a la década de 1960, cuando se desarrollaron los primeros sistemas de mensajería electrónica en las redes de computadoras. Sin embargo, el correo electrónico moderno, tal y como hoy lo conocemos, surgió en la década de 1970 con la creación del protocolo SMTP (Simple Mail Transfer Protocol), que es el responsable de estandarizar o normalizar el intercambio de mensajes entre servidores de correo.

Su funcionamiento es, a grandes rasgos, sencillo. Esto es, se realiza a través del intercambio de mensajes entre diferentes direcciones de correo electrónico. Cada dirección de correo electrónico está asociada a una cuenta de correo que puede ser gestionada a través de un cliente de correo electrónico o una interfaz web. Cuando se envía un mensaje, este se transfiere desde el cliente de correo del remitente al servidor de correo saliente (SMTP) que lo envía al servidor de correo entrante (POP3, IMAP) del destinatario, desde donde se entrega al cliente de correo del destinatario.

Pero, ¿qué se necesita para que se produzca esta comunicación? Pues, básicamente, tres cosas:

▶ **Dirección de correo electrónico**:

Habitualmente definida como una cadena de caracteres que identifica de manera única una cuenta de correo electrónico y que se compone de un nombre de usuario seguido del símbolo "@" y un nombre de dominio de proveedor.

▶ **Cliente de correo electrónico**:

Una aplicación informática utilizada para enviar, recibir, organizar y gestionar todos los posibles correos electrónicos. Entre los más populares podríamos destacar Gmail, Outlook y Thunderbird.

▶ **Servidor de correo**:

Un sistema que almacene, envíe y reciba los mensajes de correo electrónico en un disco duro o sistema de almacenamiento interno o externo. Los servidores de correo saliente (SMTP) se encargan de enviar mensajes, mientras que los servidores de correo entrante (POP3, IMAP) almacenan y entregan los mensajes entrantes a los destinatarios.

Por último, cabe destacar que el correo electrónico se utiliza para una gran variedad de objetivos o propósitos, tanto personales como profesionales, que incluyen cosas como comunicación personal y social, el intercambio de correo empresarial y comunicación interna, el envío de documentos, archivos y otros contenidos multimedia, acceso a boletines informativos y comunicaciones comerciales y confirmaciones de registro, recibos y notificaciones automáticas.

1.4 OTRAS APLICACIONES DE INTERNET

Además de las funciones básicas de comunicación, como es caso del correo electrónico o el acceso a la información, Internet puede proveer de otras aplicaciones y usos como son:

▶ **Telemedicina**:

Permitiendo la prestación de servicios médicos a distancia, como consultas médicas en línea, telecirugía, telediagnóstico, seguimiento de pacientes y educación médica a distancia.

▶ **Trabajo remoto**:

Facilitando la colaboración en equipo, la comunicación entre colegas, la gestión de proyectos y la realización de reuniones virtuales a través de herramientas como videoconferencias y aplicaciones de productividad online.

▶ **IoT (Internet de las Cosas)**:

Posibilitando la conexión de dispositivos inteligentes y sensores a la red, permitiendo la recopilación y el intercambio de datos en tiempo real para una variedad de aplicaciones, como domótica, salud, agricultura, industria y transporte.

▼ **Banca online**:

Permitiendo a los usuarios realizar transacciones bancarias, pagos de facturas, transferencias de fondos, consultas de saldo y gestión de cuentas desde cualquier lugar con acceso a Internet.

▼ **Gobierno electrónico**:

Ofreciendo servicios online, como trámites administrativos, pago de impuestos, solicitud de documentos y acceso a información pública, a través de portales gubernamentales y plataformas electrónicas.

▼ **Redes sociales y aplicaciones de mensajería instantánea**:

Permitiendo a los usuarios conectarse, compartir contenido, interactuar y comunicarse entre sí. Estas plataformas se utilizan para diversos fines, como mantenerse en contacto con amigos y familiares, establecer contactos profesionales, compartir noticias y promocionar productos o servicios.

▼ **E-learning**:

Transformando la educación con la proliferación de plataformas de aprendizaje online, cursos virtuales, tutoriales, recursos educativos abiertos y herramientas de colaboración que permiten el aprendizaje a distancia y la formación continua.

▼ **Streaming de contenido**:

Creando y dando acceso a servicios de streaming de música, películas, series de televisión, podcasts y vídeos online, los cuales permiten a los usuarios acceder a una amplia variedad de contenido multimedia bajo demanda a través de Internet.

▼ **Comunicación VoIP**:

Permitiendo realizar llamadas de voz y vídeo a través de Internet, a menudo de forma gratuita o a costos reducidos en comparación con las llamadas tradicionales.

En realidad, éstas son sólo algunas de las muchas aplicaciones que posee Internet en la actualidad. Esto es porque la versatilidad y la omnipresencia de Internet ha transformado fundamentalmente la forma en que vivimos, trabajamos, nos comunicamos y nos relacionamos con todo lo que nos rodea.

1.5 HERRAMIENTAS DE DISEÑO DE PÁGINAS WEB

Existen diversas herramientas de diseño de páginas web disponibles en el mercado, cada una con sus propias características y funcionalidades. A continuación, se presentan algunas de las herramientas más populares para diseñar y desarrollar páginas web:

▸ **Adobe Dreamweaver**

Dreamweaver es una herramienta de desarrollo web líder en la industria que proporciona un entorno visual y de código para diseñar, codificar y administrar sitios web. Ofrece funciones de diseño responsivo, previsualización en tiempo real y compatibilidad con numerosos lenguajes de programación.

▸ **WordPress**:

WordPress es un sistema de gestión de contenidos (CMS) que permite crear sitios web dinámicos y flexibles mediante la utilización de temas y plugins. Es especialmente popular para la creación de blogs y sitios web de contenido, ofreciendo una interfaz intuitiva y una amplia comunidad de desarrolladores.

▸ **Wix**:

Wix es una plataforma de diseño y desarrollo web online que proporciona herramientas drag-and-drop para crear sitios web de aspecto profesional sin necesidad de conocimientos de programación. Ofrece una amplia variedad de plantillas y widgets personalizables para adaptarse a las necesidades de cualquier proyecto.

▸ **Squarespace**:

Squarespace es otra plataforma de diseño web que ofrece plantillas elegantes y personalizables, así como herramientas integradas para la gestión de contenido, comercio electrónico y análisis de sitios web. Es ideal para diseñadores y emprendedores que buscan crear sitios web visualmente impactantes.

▸ **Notion**:

Notion es una plataforma de productividad y gestión de proyectos "no code" que permite a los usuarios crear, organizar y colaborar en una variedad de contenido, como notas, documentos, listas de tareas, bases de datos, calendarios y mucho más. Se destaca por su flexibilidad y capacidad para adaptarse a una amplia gama de casos de uso, desde la organización personal hasta la colaboración en equipo en entornos empresariales.

▼ **Sketch**:

Sketch es una herramienta de diseño gráfico centrada en la creación de interfaces de usuario (UI) y diseño de experiencia de usuario (UX). Es ampliamente utilizado por diseñadores para crear wireframes, mockups y diseños de sitios web y aplicaciones móviles.

▼ **Adobe XD**:

Adobe XD es otra herramienta de diseño de experiencia de usuario (UX) y prototipado que permite a los diseñadores crear diseños interactivos, wireframes y prototipos de alta fidelidad para sitios web y aplicaciones móviles.

▼ **Bootstrap, Foundation, Bulma**:

Bootstrap, Foundation, Bulma y otros so frameworks de desarrollo front-end que proporcionan un conjunto de herramientas y componentes preestablecidos para crear interfaces web responsivas y adaptables. En este contexto, quizás el más popular sea Bootstrap, por su facilidad integración con otros frameworks y sistemas, por su facilidad de uso y su enfoque en el diseño receptivo.

2

PLANIFICACIÓN DE LA WEB

2.1 DISEÑO DEL CONTENIDO

El diseño de contenido web se refiere al proceso de planificación, creación y organización de todos los elementos visuales, auditivos y escritos que componen un sitio web. Esto incluye textos, imágenes, vídeos, gráficos, animaciones y otros recursos multimedia que se utilizan para comunicar mensajes y proporcionar una experiencia atractiva y efectiva a los usuarios en línea.

El diseño de contenido web tiene como objetivo principal crear una estructura visualmente atractiva y funcional que guíe a los usuarios a través del sitio web de manera intuitiva y efectiva proporcionándoles la información que estén buscando de manera clara y concisa. Por tanto, si queremos conseguir un buen diseño de contenido, deberemos tener en cuenta cosas como la usabilidad, la accesibilidad y la experiencia del usuario.

Algunos aspectos importantes del diseño de contenido web incluyen:

▶ **Arquitectura de la información**:
Esto implica la elección de una estructura y organización del contenido, que incluye desde la creación de categorías, subcategorías y menús de navegación, hasta la jerarquía de la información para facilitar la búsqueda y la comprensión.

▼ **Diseño visual**:

Esto implica la selección de colores, tipografías, imágenes y otros elementos visuales que se utilizarán en el sitio web para transmitir la marca y el mensaje de manera efectiva y atractiva.

▼ **Optimización para dispositivos**:

Esto implica asegurarse de que el diseño sea compatible y se vea correctamente en todos los dispositivos y tamaños de pantalla, incluyendo computadoras de escritorio, tabletas y dispositivos móviles.

▼ **Posicionamiento SEO**:

Esto implica la optimización del contenido para motores de búsqueda (SEO) como Google o Yahoo a través de palabras clave relevantes, metadatos y otros elementos para mejorar la visibilidad del sitio web en los resultados de búsqueda.

▼ **Usabilidad y accesibilidad**:

Esto implica garantizar que el contenido sea fácil de usar y accesible para todos los usuarios, incluidos aquellos que poseen discapacidad parcial o total visual, auditiva, intelectual, cognitiva, motriz o sea del tipo que sea.

2.2 PROPÓSITO Y AUDIENCIA DE LA WEB

El propósito y la audiencia de un sitio web son aspectos interrelacionados que influyen en su diseño y desarrollo. Definir claramente estos elementos desde el principio es fundamental para crear un sitio web eficiente, efectivo y exitoso que cumpla con los objetivos de la empresa u organización y satisfaga las necesidades de los usuarios.

2.2.1 Propósito de la web

El propósito de un sitio web se refiere a la razón principal por la cual fue creado y qué objetivos busca cumplir. Esto incluye cosas como:

▼ Promover y vender productos o servicios.
▼ Proporcionar información sobre una empresa, organización o causa.
▼ Educar y entretener a los visitantes.
▼ Facilitar la comunicación y la interacción entre usuarios.

▶ Generar leads y convertir visitantes en clientes potenciales.

▶ Brindar soporte y atención al cliente.

▶ Establecer una presencia en línea y construir una marca.

Por todo esto, y mucho más, es importante definir claramente el propósito del sitio web desde el principio, ya que nos ayudará a tomar todas las decisiones de diseño, contenido y funcionalidad.

2.2.2 Audiencia de la web

La audiencia de un sitio web se refiere al grupo de personas que se espera que visiten y utilicen el sitio. Si comprendemos y tomamos una buena idea de quiénes son nuestros usuarios, sus necesidades, intereses y comportamientos, habremos adquirido una buena información sobre nuestra audiencia. Para ello, podremos valernos de indicadores o aspectos como:

▶ **Demografía**:

La edad, género, ubicación geográfica, nivel socioeconómico, etc.

▶ **Intereses y preferencias**:

Aspectos como, ¿qué temas, productos o servicios les interesan y si tienen alguna tendencia predefinida?

▶ **Comportamiento online**:

Aspectos como, ¿cómo suelen interactuar online y qué dispositivos utilizan?

▶ **Necesidades y objetivos**:

Aspectos como, ¿qué están buscando cuando visitan el sitio y qué acciones esperan realizar?

Por tanto, identificar y comprender a la audiencia objetivo es crucial para diseñar un sitio web que satisfaga sus necesidades y expectativas. Esto implica crear contenido relevante, ofrecer una experiencia de usuario intuitiva y proporcionar funcionalidades que resuelvan sus problemas y les brinden valor.

2.3 DISEÑO DE LA APARIENCIA

El diseño de la apariencia web es un aspecto fundamental del diseño web que implica la creación o invención de la estética de un sitio web para mejorar la experiencia del usuario y reflejar la identidad de marca de la empresa. En este proceso, no sólo será importante el tema visual, sino que, además, será crucial tener en cuenta aspectos como la usabilidad, la accesibilidad y la experiencia de usuario

Entre los elementos más importantes se puede destacar:

▶ **Diseño visual**:

Aquí se incluye la selección de colores, tipografías, imágenes, iconos y otros elementos visuales que se utilizarán en el sitio web. Todo ello, deberá ser coherente y consistente con la identidad de marca para ayudar a transmitir su mensaje y sus valores.

▶ **Diseño de la interfaz de usuario (UI)**:

La interfaz de usuario se refiere a la forma en que los elementos visuales se organizan y presentan en las páginas para facilitar la interacción del usuario. Esto incluye desde los menús de navegación y botones, hasta los formularios y barras laterales, entre otros elementos de la interfaz.

▶ **Usabilidad**:

El diseño de la apariencia web debe optimizarse para mejorar el entendimiento, comprensión, legibilidad y rendimiento, entre otros factores. Por tanto, esto implicará asegurarse de que la navegación sea intuitiva, los elementos interactivos sean fáciles de entender y utilizar, y el contenido sea fácilmente accesible para los usuarios.

▶ **Diseño receptivo**:

Es importante que el diseño sea responsive, es decir, que sea fluido y adaptable para que se vea correctamente en todos los dispositivos y tamaños de pantalla, incluyendo computadoras de escritorio, tabletas y teléfonos móviles.

▶ **Accesibilidad**:

Aunque la usabilidad ya ofrece una buena respuesta ante la experiencia de usuario, también será recomendable tener en cuenta la accesibilidad para garantizar que el sitio sea usable por personas con discapacidad parcial o total, sean de la índole que sean. Esto incluirá, entre otras cosas, la inclusión de textos alternativos para imágenes, la navegación por teclado y contrastes adecuados entre el texto y el fondo. No olvidemos que "si una aplicación o página es usable, puede que no sea accesible, pero, si es accesible, seguro que es usable".

▶ **Estética**:

Es evidente que, además de ser funcional, usable y accesible, el diseño también deberá ser estéticamente agradable y atractivo para los usuarios. Esto implicará la aplicación de un diseño minimalista, limpio y moderno, la atención al detalle y una buena coherencia o consistencia en todas las páginas del sitio.

2.4 CONSTRUIR EL SITIO

Construir un sitio web implica seguir unos pasos y tomar una serie de decisiones para asegurar que el sitio cumpla con los objetivos, siendo efectivo para todos los usuarios. A continuación, se muestra los pasos clave o básicos para construir un sitio web de forma correcta:

▶ **Definir el propósito y los objetivos del sitio web**:

Antes de comenzar a construir el sitio, es importante tener claro cuál será su propósito principal y qué objetivos se esperarán lograr con él. Esto ayudará a tomar todas las decisiones de diseño y desarrollo que se requieran.

▶ **Elegir una plataforma o herramienta de desarrollo**:

Una vez definidos el propósito y los objetivos del sitio, será una buena idea seleccionar o elegir cómo se va a desarrollar el sitio. Existen muchas opciones disponibles para construir un sitio web que van desde plataformas de gestión de contenido (CMS) como WordPress, hasta constructores de sitios web "no code" basados en metodologías de arrastrar y soltar como Wix o Squarespace. No obstante, lo más frecuente y profesional es recurrir a la codificación manual utilizando lenguajes como HTML, CSS y JavaScript.

▶ **Registrar un nombre de dominio y elegir un proveedor de alojamiento**:

Se trata de elegir un nombre de dominio adecuado para la marca y el sitio web. Es decir, una dirección web única que sea fácilmente identificable y recordable como pueda ser https://www.amazon.com. El registro se podrá realizar a través de un registrador de dominios el cual, a su vez, es posible que también nos proporcione un servicio de alojamiento web confiable para alojar su sitio.

► Diseñar la estructura y el diseño del sitio:

Una vez tenemos los requisitos y tecnologías a utilizar, será conveniente, si no obligatorio, diseñar la estructura y el diseño del sitio web en papel o mediante herramientas de diseño como Sketch. Esto incluirá, o deberá incluir, la planificación de la arquitectura de la información, la navegación, el diseño visual y la disposición de los elementos en la página.

► Desarrollar y construir el sitio:

Cuando se tenga la estructura y diseño del sitio, será el momento de trabajar con la plataforma o herramienta elegida. Esto podrá implicar tener unos u otros conocimientos, instalar plantillas y/o temas específicos, personalizar de diseño y funcionalidades, crear diferentes tipos de página y establecer qué y cómo se realizará la carga de los contenidos.

► Optimizar para posicionamiento SEO:

A medida que construyen los sitios, hay que asegurarse de optimizarlos para los motores de búsqueda (SEO). Esto, generalmente, incluirá el uso de palabras clave relevantes, metadatos, microdatos a través de alguna anotación como JSON-LD y la creación de contenidos legibles y de calidad.

► Pruebas y revisión:

Una vez que el sitio esté "terminado", se deberán realizar pruebas exhaustivas para asegurarse de que todo funcione adecuadamente en todos los navegadores y dispositivos, y de que cumpla con sus objetivos y requisitos.

► Lanzamiento y promoción:

Cuando se esté satisfecho con los test y resultados que nos han proporcionado las pruebas, será el momento de publicarlo y comenzar a promocionarlo para atraer nuevos usuarios y visitas. Esto podrá implicar el uso de redes sociales, el envío de correos electrónicos y/o utilizar estrategias de marketing digital, entre otros métodos.

▶ **Mantenimiento y actualización**:

Finalmente, se deberá realizar un mantenimiento regular que podrá incluir la aplicación de parches de seguridad y la actualización de contenidos según sea necesario.

2.5 ANALIZAR LA ESTRUCTURA

Analizar la estructura de un sitio web es importante porque dependiendo de cómo se haga, los resultados pueden afectar a la organización y navegación a nivel global o general. A continuación, se comentan algunos elementos clave a tener en cuenta para conseguir unos buenos resultados:

▶ **Mapa web**:

Una de las cosas más interesantes que resultan del análisis de la estructura es el mapa del sitio. Esto es, una representación visual de la estructura y organización de todo el sitio web que muestra todas las páginas y secciones y cómo se relacionan entre sí los diferentes elementos.

▶ **Navegación**:

La navegación del sitio web será fundamental para la experiencia del usuario. Analizar cómo se presentan las opciones de navegación principal, los enlaces de navegación secundarios y cualquier otra forma de acceso a las diferentes secciones del sitio será una buena forma de analizar la estructura de un sitio para construir, entre otras cosas, su mapa web.

▶ **Arquitectura de la información**:

En este contexto es donde se ve la organización y estructura de los contenidos. Esto nos mostrará cómo se agrupan y categorizan las páginas y secciones, y cómo se facilita la navegación entre ellas.

▶ **URLs y enlaces internos**:

Cuando se analiza la estructura de una web, es habitual encontrar varias URLs entre las diferentes páginas. En este sentido, las URLs, internas o no, deben ser claras y descriptivas para facilitar la navegación dentro del sitio.

▼ **Jerarquía de contenido**:

Se trata de analizar la jerarquía del contenido en el sitio, incluida la relación entre las páginas principales y las páginas secundarias, así como la profundidad de la estructura de navegación.

▼ **Etiquetas y metadatos**:

Se trata de revisar las etiquetas y metadatos utilizados en el sitio, como los títulos de página, descripciones meta y etiquetas de encabezado. Estos elementos juegan un papel importante en la optimización para motores de búsqueda y la comprensión del contenido para los usuarios y herramientas de asistencia como los lectores de pantalla, lupas, etc.

▼ **Compatibilidad con dispositivos**:

Es importante analizar cómo se adapta la estructura del sitio a diferentes dispositivos y tamaños de pantalla. Por tanto, la estructura del sitio deberá ser receptiva y ofrecer una experiencia de usuario consistente en todos los dispositivos.

▼ **Accesibilidad**:

En este último punto, se trata de revisar la estructura del sitio para garantizar que sea accesible para todos los usuarios, incluidos aquellos con discapacidad parcial o total. Esto podrá implicar el uso de etiquetas semánticas, la navegación por teclado y otras prácticas de accesibilidad como la aplicación de la WAI-ARIA.

2.6 ORGANIZAR ARCHIVOS

Organizar los archivos de una forma adecuada es fundamental para mantener una estructura limpia y clara que facilite su mantenimiento y mejore la eficiencia durante el desarrollo. A continuación, se muestran o comentan algunas prácticas comunes para organizar los archivos de un sitio web:

▼ **Crear una estructura de carpetas lógica**:

Organizar los archivos en carpetas de forma que reflejen la estructura y la navegación del sitio web de manera lógica y efectiva. Por ejemplo, es frecuente tener carpetas separadas para las páginas principales, los archivos de estilo (CSS), los scripts (JavaScript), las imágenes y demás recursos.

▼ **Separar el contenido estático y dinámico**:

Si nuestro sitio web utiliza un sistema de gestión de contenido (CMS) o genera contenido dinámicamente, suele ser conveniente separar los archivos estáticos (como HTML, CSS y JavaScript) de los archivos dinámicos (como plantillas de CMS, scripts de servidor y bases de datos).

▼ **Utilizar una nomenclatura consistente**:

Es importante ser coherente a la hora de nombrar los archivos y carpetas para facilitar la identificación y el mantenimiento. Por ejemplo, use nombres descriptivos y significativos que reflejen el contenido o la función de cada archivo como "css", "images" o "scripts".

▼ **Agrupar archivos relacionados**:

Agrupar los archivos relacionados en la misma carpeta suele ser una buena idea para facilitar el acceso y gestión. Por ejemplo, es habitual mantener todos los archivos relacionados con el diseño en una carpeta de estilos en el directorio "css" y todos los archivos relacionados con scripts en la carpeta "scripts".

▼ **Evitar la sobrecarga de carpetas**:

Es importante no sobrecargar las carpetas con demasiados archivos o subcarpetas. Si una carpeta contiene demasiados archivos, lo más conveniente será dividirla en subcarpetas más pequeñas para mejorar la organización.

Además de estas directrices, también podrá sernos de utilidad:

▼ **Utilizar un sistema de control de versiones**:

Si es posible, siempre será una buena idea utilizar un sistema de control de versiones como Git para gestionar y controlar los cambios en los distintos archivos que componen el sitio web. Esto nos facilitará la vida bastante, mejorará la colaboración entre desarrolladores y permitirá obtener un historial de cambios.

▼ **Realizar copias de seguridad regularmente**:

Independientemente de cómo se organicen los archivos, debemos asegurarnos de realizar copias de seguridad regulares de todo el sitio para estar protegidos ante la pérdida de datos y garantizar la continuidad del negocio.

3

LENGUAJE HTML

3.1 PROGRAMACIÓN EN HTML

El lenguaje HTML (HyperText Markup Language o lenguaje de marcado de hipertexto) es un lenguaje de marcado dedicado a la elaboración de páginas web. Fue definido por primera vez en 1991 y, en aquel entonces, se caracterizaba por tener algo más de una docena de etiquetas. Más tarde, en 1995 se publicó el primer estándar oficial de HTML al que denominaron HTML 2.0.

En 1997 entró en juego la W3C y desarrolló tres estándares más hasta llegar a lo que hoy conocemos como HTML5 en 2014.

Si bien HTML es un lenguaje formado por entidades que ayudan a estructurar y proporcionar significado a las diferentes partes del documento, cada una de estas entidades, usualmente denominadas elementos o etiquetas, están formadas por un contenido y cero, uno o varios atributos.

```
<p>Esto es un párrafo</p>
<div class="layer">Esto es una capa</div>
```

Cada uno de los atributos tiene una función y puede estar o no asociado a un comportamiento o definición específica. Por ejemplo, el atributo ID habitualmente es utilizado para poder manipular el elemento a través de un nombre corto, sin embargo, también puede ser declarado para vincularse con otro elemento generando una entidad mayor, como es el caso del siguiente código.

```
<label for="nombre">Nombre</label>
<input id="nombre" placeholder="Inserte el nombre completo" />
```

Ilustración 2.2. Etiquetado de un campo de formulario en HTML

El atributo FOR, utiliza el atributo ID para vincular el LABEL con el INPUT y generar un elemento combinado o pequeño componente.

Cabe destacar que, aunque puede haber etiquetas sin cierre, como es el caso del elemento INPUT, lo normal es que todas las etiquetas o marcas tengan un principio y un final, como es el caso de la etiqueta LABEL.

En lo referente a las novedades de HTML5, como muchos sabrán, una de las más significativas es el valor semántico. La semántica es una característica que dota a los documentos web de mayor significado porque, entre otras cosas, proporciona una mayor estructuración y ayuda a la compresión gracias a lo que se denomina identificador semántico.

El identificador semántico es un término que hace referencia a lo que contiene o representa la etiqueta, es decir, cada etiqueta o elemento tiene un nombre asociado que representa o indica su objetivo. Por ejemplo, en general, la etiqueta SECTION siempre contendrá un conjunto de elementos agrupados que tendrán o guardarán una relación.

3.2 CREACIÓN DE UNA PÁGINA EN HTML

3.2.1 Definición del tipo de documento DTD (!DOCTYPE)

Cuando uno decide trabajar con HTML, lo primero que debe hacer es declarar es el elemento !DOCTYPE. Este elemento tiene, como objetivo, informar al navegador del tipo de documento que se va a definir.

La Declaración del Tipo de Documento (DTD) puede cambiar, y de hecho cambia, para cada versión de HTML. La versión del lenguaje de marcado puede ser muy diferente según qué tipo se utilice, y puede tener más o menos restricciones en función del modo y versión. Sin ir más lejos, el tipo de documento que se debe definir para indicar que es un documento XHTML es muy distinto al que se debe usar para indicar que es HTML5 o SVG.

A continuación, se muestran los principales DTD para documentos de HTML, SVG y MathML.

3.2.1.1 DTDS DE HTML

HTML5
```
<!DOCTYPE html>
```

3.2.1.2 DTDS DE MATHML

MathML 2.0
```
<!DOCTYPE math PUBLIC "-//W3C//DTD MathML 2.0//EN"
                      "http://www.w3.org/TR/MathML2/dtd/mathml2.dtd">
```

3.2.1.3 DTDS DE SVG

SVG 1.1 Full
```
<!DOCTYPE svg PUBLIC
          "-//W3C//DTD SVG 1.1//EN"
          "http://www.w3.org/Graphics/SVG/1.1/DTD/svg11.dtd">
```

SVG 1.1 Básico
```
<!DOCTYPE svg PUBLIC
          "-//W3C//DTD SVG 1.1 Basic//EN"
          "http://www.w3.org/Graphics/SVG/1.1/DTD/svg11-basic.dtd">
```

SVG 1.1 Reducido
```
<!DOCTYPE svg PUBLIC
          "-//W3C//DTD SVG 1.1 Tiny//EN"
          "http://www.w3.org/Graphics/SVG/1.1/DTD/svg11-tiny.dtd">
```

3.2.1.4 DTDS DE XHTML

XHTML1.1
```
<!DOCTYPE html PUBLIC
          "-//W3C//DTD XHTML 1.1//EN"
          "http://www.w3.org/TR/xhtml11/DTD/xhtml11.dtd">
```

3.2.2 Etiqueta html

La etiqueta HTML es el elemento que representa la raíz o base de un documento HTML y supone el cierre automático del resto de los elementos declarados posteriormente a él.

La etiqueta HTML admite varios atributos, la mayoría en desuso. El único que sigue estando vigente es LANG y es el encargado de definir el lenguaje del documento.

Es un atributo muy útil cuando se dispone de documentos en distintos idiomas y para aquellos usuarios que dependen de herramientas de asistencia como lectores de pantalla.

```
<html lang="es">...</html>
```

3.2.3 Etiqueta head

La etiqueta HEAD es el elemento o la estructura que proporciona información general acerca del documento. Esta información general viene definida a modo de metadatos, o lo que es lo mismo, datos que informan sobre los datos y, pueden ser de muy diferente índole. Esto es, el tipo de codificación, el título del documento, las palabras clave que lo describen, la descripción sobre lo que contiene, el autor del documento, etcétera.

No obstante, lo que más abunda dentro de esta estructura suelen ser elementos LINK o STYLE, los cuales recogen todas las reglas CSS aplicables en el documento.

```
<head>
    <!-- Información del documento -->
</head>
```

> **ⓘ NOTA**
>
> Aunque la etiqueta SCRIPT puede estar definida dentro del elemento HEAD, lo mejor es que esté al final de la etiqueta BODY para evitar bloqueos o retrasos en la muestra del primer renderizado.

3.2.4 Etiqueta body

La etiqueta BODY es el elemento o la estructura en que se define todo el contenido útil del documento. Aquí es donde se definirán todos los textos, capas, botones, controles de entrada y salida, etcétera para que los usuarios puedan utilizarlo o consultarlo.

Al final de esta estructura, habitualmente, suele contener uno o varios elementos SCRIPT que todas las funcionalidades que se ejecutan en el navegador, como validaciones o animaciones.

```
<body>
    <!-- Contenido del cuerpo de la página -->
</body>
```

3.2.5 Comentarios

Los comentarios en HTML se establecen a través de las marcas <!-- y -->. Estas etiquetas o marcas indican al navegador que la información contenida no debe ser interpretada y, por tanto, tampoco renderizada. Un ejemplo podría ser:

```
<!-- Esto es un comentario de HTML -->
```

3.3 CABECERAS Y TÍTULOS

3.3.1 Elemento title

El elemento TITLE especifica el nombre del recurso o documento para darlo a conocer.

```
<title>Curso de creación de páginas web</title>
```

En lo referente a los posibles valores admitidos, puede ser cualquier valor de texto que respete las normas de ortografía y gramática. Esto es, no se debe capitalizar la descripción del título, a no ser que sea un nombre propio, y se deben respetar los signos de puntuación.

3.3.2 Elementos h1..h6

Los elementos H1...H6 especifican diferentes niveles de encabezado. El más relevante en la jerarquía o de mayor peso es H1 (al cual se le suele atribuir el título del documento) y, el menos relevante en la jerarquía o de menor peso es H6. Un ejemplo podría ser:

```
<h1>Esto es un encabezado de nivel 1</h1>
<h2>Esto es un encabezado de nivel 2</h2>
<h3>Esto es un encabezado de nivel 3</h3>
<h4>Esto es un encabezado de nivel 4</h4>
<h5>Esto es un encabezado de nivel 5</h5>
<h6>Esto es un encabezado de nivel 6</h6>
```

Los elementos H1...H6 pueden ser elementos clave para el posicionamiento SEO, y son de vital importancia para la accesibilidad y semántica web. Es muy importante que no se especifique más de un encabezado de primer nivel y que no se realicen saltos en la jerarquía por temas de apariencia o gusto, es decir, después de un H1 siempre debe ir un H2, después de un H2 siempre debe ir un H3, y así sucesivamente.

También, es importante matizar que, la utilización de elementos de jerarquía dentro de las etiquetas HEADER puede ser una técnica muy interesante para definir el contenido y reforzar su importancia y significado.

3.3.3 Elemento header

El elemento HEADER puede especificar una cabecera de página o una cabecera de artículo, dependiendo de donde se declare. Si es un descendiente directo del elemento ARTICLE, se considerará cabecera de artículo. Si es un descendiente directo del elemento BODY, se considerará cabecera de página o documento.

El elemento HEADER sólo puede ser declarado una única vez por artículo y por página, sin embargo, dependiendo de donde se defina, su intencionalidad es muy diferente.

Si está dentro de una estructura ARTICLE, lo habitual es que contenga el título del artículo que se está describiendo, pero, si es una cabecera de página, lo habitual es que contenga el logo de la empresa u organización, el menú principal de navegación, el acceso a la zona privada y registro, los enlaces hacia sus redes sociales o, incluso, otras acciones relacionadas con el contexto de la web y la empresa u organización de primer orden como un buscador.

También, es habitual encontrar en la definición de cabecera, la declaración de elementos de cabecera H1...H6. Estos elementos, bien utilizados, aportan al documento un orden de jerarquía y valor semántico.

Un ejemplo podría ser:

```
<article>
    <header>
        <h2>HTML5</h2>
    </header>
    ...
</article>
```

3.3.4 Elemento hgroup

El elemento HGROUP especifica un bloque de encabezado de sección que representa la estructura del documento HTML. Habitualmente, este elemento se utiliza para agrupar encabezados consecutivos a modo de subtítulos o eslóganes. Un ejemplo podría ser:

```
<hgroup>
    <h1>Fast and Furious 4</h1>
    <h2>Aún más rápido</h2>
</hgroup>
```

3.4 INSERCIÓN DE TEXTOS

3.4.1 Elemento abbr

El elemento ABBR especifica que el contenido que se va a representar es una abreviatura o un acrónimo. Admite varios atributos, sin embargo, el único "obligatorio" es el atributo TITLE que indica el significado de dicha abreviatura.

Un ejemplo podría ser:

```
<abbr title="Cascading Style Sheets">CSS</abbr> es un lenguaje de dise-
ño gráfico para definir y crear la presentación de un documento estructu-
rado escrito en un lenguaje de marcado.
```

> **(i) NOTA**
>
> Al poner el puntero del ratón encima de CSS debería aprecer un tooltip con el mensaje "Cascading Style Sheets".

3.4.2 Elemento address

El elemento ADDRESS especifica una información de contacto para el documento actual.

Un ejemplo podría ser:

```
<address>
    Escrito por Pablo Enrique Fernández Casado.
    Visita <a href="https://ejemplo.com">Ejemplo.com</a>
    Castellana 58, local
    28046 Madrid
    España
</address>
```

Y otro ejemplo podría ser:

```
<address>
    Email de contacto:
    <a href="mailto:ejemplo@gmail.com">ejemplo@gmail.com</a><br>
    Teléfono: <a href="tel:+34999999999">(+34) 999.999.999</a>
</address>
```

3.4.3 Elemento bdo

El elemento BDO especifica la direccionalidad del contenido que está dentro de él. Requiere del atributo DIR para asignar la dirección del texto.

Un ejemplo podría ser:

```
<p dir="ltr">Esta palabara arábica <bdo dir="rtl">ARABIC PLACEHOLDER</
bdo>, está escrita de izquierda a derecha, pero se muestra al revés.</
p>
```

El resultado debería ser algo como:

Esta palabra arábica REDLOHECALP CIBARA, está escrita de izquierda a derecha, pero se muestra al revés.

3.4.4 Elementos blockquote y cite

Los elementos BLOCKQUOTE y CITE especifican que el contenido que se va a representar es una cita. La diferencia estriba en que, BLOCKQUOTE, se mostrará a modo de bloque y, CITE, se mostrará o representará como una cita en línea.

Un ejemplo con BLOCKQUOTE podría ser:

```
<blockquote cite="https://blog.com/einstein">
    Hay dos cosas infinitas, el Universo y la estupidez humana
</blockquote>
```

Y un ejemplo con CITE podría ser:

```
<p>
    <cite>
        Hay dos cosas infinitas, el Universo y la estupidez humana
    </cite>, dicho por Albert Einstein
</p>
```

3.4.5 Elemento code

El elemento CODE especifica que el contenido que se va a representar es un fragmento de código.

Un ejemplo podría ser:

```
<code>
    <script type="text/javascript">
        document.querySelector("body").style.fontSize = "14px";
    </script>
</code>
```

3.4.6 Elemento data

El elemento DATA especifica y vincula un contenido textual con un valor legible para el sistema o aplicación. En el ejemplo siguiente, el valor del atributo VALUE podría ser un identificador de código de barras.

Un ejemplo podría ser:

```
<ul>
    <li><data value="3967381398">Producto pequeño</data></li>
    <li><data value="3967381399">Producto mediano</data></li>
    <li><data value="3967381400">Producto grande</data></li>
</ul>
```

3.4.7 Elemento dfn

El elemento DFN especifica que, a continuación, se va a definir el contenido que está dentro de él.

Un ejemplo podría ser:

```
<p>
    El <dfn>HTML</dfn> es un lenguaje de marcado para hipertextos.
</p>
```

3.4.8 Elemento em

El elemento EM especifica que el contenido que se va a representar debe aparecer enfatizado. Normalmente, este énfasis suele ser el resultado de aplicar un estilo en cursiva, por lo que se puede confundir con la etiqueta I.

Un ejemplo podría ser:

```
<p>
    Este texto no tiene énfasis,
    <em>pero este texto sí está con énfasis</em>
</p>
```

3.4.9 Elemento i

El elemento I especifica que el contenido que se va a representar debe aparecer en cursiva. Cabe destacar que, este estilo cursivo puede confundirse con el resultado de la aplicación de la etiqueta EM.

Un ejemplo podría ser:

```
<p>
    Este texto no tiene énfasis,
    <i>pero este texto sí está con énfasis</i>
</p>
```

3.4.10 Elementos ins y del

Los elementos INS y DEL especifican que el contenido que se va a representar ha sufrido una alteración que afecta a un texto, o parte de él, anteriormente escrito. La etiqueta DEL indica el texto que estaba antes y se representa como si estuviese anulado o tachado. La etiqueta INS representa el texto nuevo que ha cambiado.

Un ejemplo podría ser:

```
<p>
    El cometa <del>C/2020 F3</del> <ins>Neowise</ins>, descubierto ...
</p>
```

3.4.11 Elemento kbd

El elemento KBD especifica que el contenido que se va a declarar es una tecla o combinación de teclas.

Un ejemplo podría ser:

```
<kbd>alt + S</kbd>
```

Y otro ejemplo algo más completo podría ser:

```
<p>
    Pulse <kbd><kbd style="border: 1px solid #000; border-radius: 4px;
padding: 2px;">Ctrl</kbd> + <kbd style="border: 1px solid #000; border-
radius: 4px; padding: 2px;">R</kbd></kbd> para recargar la página.

</p>
```

En este último caso, el resultado debiera ser similar a:

Pulse Ctrl + R para recargar la página.

3.4.12 Elemento mark

El elemento MARK especifica que el contenido que se va a representar debe estar marcado o resaltado por su relevancia o importancia dentro del contexto en el que se encuentra.

Un ejemplo podría ser:

```
<p>
    Los <mark>elementos P no deben contener etiquetas que no sean de
texto</mark>. Esto es, no es aconsejable introducir en una etiqueta de
párrafo un elemento DIV, SECTION, ARTICLE, ...
</p>
```

El resultado debiera ser similar a:

Los elementos P no deben contener etiquetas que no sean de texto. Esto es, no es aconsejable introducir en una etiqueta de párrafo un elemento DIV, SECTION, ARTICLE, ...

3.4.13 Elemento math

El elemento MATH especifica que lo que se va a definir es una fórmula o ecuación matemática. Esto es posible gracias al lenguaje MathML que lleva incorporado y permite utilizar etiquetas HTML para escribir anotaciones matemáticas.

El elemento MATH es el nivel superior del MathML, que es un lenguaje de marcado basado en XML cuyo objetivo es expresar mediante notación de marcas una notación matemática de forma que sea legible para las máquinas y seres humanos.

Entre sus posibles elementos, los más comunes, son MI (que representa a un identificador o variable), MN (que representa un valor o número), MO (que representa un operador) y MS (que representa una cadena), aunque dispone de muchos más.

Si se desea información más detallada se puede visitar la dirección web o URL de *https://www.w3.org/TR/MathML2/ (MathML2 de W3C)*.

A continuación se exponen los casos más usuales de uso de MathML.

3.4.13.1 EJEMPLO DE SUPERÍNDICES

```
<math>
    <msup>
        <mi>n</mi>
        <mn>7</mn>
    </msup>
</math>
```

El resultado debiera ser similar a:

$$n^7$$

3.4.13.2 EJEMPLO DE SUBÍNDICES

```
<math>
    <msub>
        <mi>n</mi>
        <mn>7</mn>
    </msub>
</math>
```

El resultado debiera ser similar a:

$$n_7$$

3.4.13.3 EJEMPLO DE FRACCIONES

```
<math>
    <mfrac>
        <mn>1</mn>
        <mn>2</mn>
    </mfrac>
</math>
```

El resultado debiera ser similar a:

$$\frac{1}{2}$$

3.4.13.4 EJEMPLO DE RAÍCES

```
<math>
    <mroot>
        <mn>-8</mn>
        <mn>3</mn>
    </mroot>
</math>
```

El resultado debiera ser similar a:

$$\sqrt[3]{-8}$$

3.4.13.5 EJEMPLO DE SUMATORIOS

```
<math>
    <mrow>
        <munderover>
            <mo>∑</mo>
            <mrow>
                <mi>n</mi>
                <mo>=</mo>
                <mn>1</mn>
            </mrow>
            <mrow>
                <mo>+</mo>
                <mn>∞</mn>
            </mrow>
        </munderover>
        <mfrac>
            <mn>1</mn>
            <msup>
                <mi>n</mi>
                <mn>2</mn>
            </msup>
        </mfrac>
    </mrow>
</math>
```

El resultado debiera ser similar a:

$$\sum_{n=1}^{+\infty} \frac{1}{n^2}$$

3.4.13.6 EJEMPLO DE MATRICES

```
<math>
    <mrow>
        <mo>[</mo>
        <mtable>
            <mtr>
                <mtd> <mn style="color: var(--color2-bg);">x</mn> </
mtd>
                <mtd> <mn>1</mn> </mtd>
            </mtr>
            <mtr>
                <mtd> <mn>2</mn> </mtd>
                <mtd> <mn>3</mn> </mtd>
            </mtr>
        </mtable>
        <mo>]</mo>
    </mrow>
</math>
```

El resultado debiera ser similar a:

$$\begin{bmatrix} 4 & 1 \\ 2 & 3 \end{bmatrix}$$

3.4.13.7 EJEMPLO DE INTEGRALES

```
<math>
    <munderover>
        <mo>∫</mo>
        <mi>a</mi>
        <mi>b</mi>
    </munderover>
    <mrow>
        <mo>(</mo>
        <mn>5</mn>
        <mi>x</mi>
        <mo>+</mo>
        <mn>2</mn>
        <mi>cos</mi>
```

```
        <mrow>
            <mo>(</mo>
            <mi>x</mi>
            <mo>)</mo>
        </mrow>
        <mo>)</mo>
    </mrow>
    <mi>dx</mi>
</math>
```

El resultado debiera ser similar a:

$$\int_{a}^{b} \Big(5x + 2\cos(x) \Big)\, dx$$

3.4.14 Elemento pre

El elemento PRE especifica que el contenido que se va a representar es un texto preformateado. En general, este elemento se suele representar con una fuente Courier o Monospace y conserva todos los espacios y saltos de línea.

Un ejemplo podría ser:

```
<pre>
    <p>
        Los  espacios repetidos y
        Saltos de línea de    este    elemento se muestran tal cuál!
    </p>
</pre>
```

El resultado debiera ser similar a:

Los espacios repetidos y saltos de línea de este elemento se muestran tal cual.

3.4.15 Elementos sub y sup

Los elementos SUB y SUP especifican que el contenido que se va a representar debe aparecer como subíndice o superíndice, es decir, por debajo de la línea normal y en una fuente de menor tamaño o por encima de la línea normal y en una fuente de menor tamaño.

Un ejemplo con SUB podría ser:

```
<p>La fórmula del agua es H<sub>2</sub>O</p>
```

El resultado debiera ser similar a:

La fórmula del agua es H_2O

Y un ejemplo con SUB podría ser:

```
<p>E = MC<sup>2</sup></p>
```

Resultado

$E = MC^2$

3.4.16 Elemento var

El elemento VAR especifica que el contenido que se va a representar es el nombre de una variable.

Un ejemplo podría ser:

```
<var>x</var> = Millones de personas;
```

3.5 SEPARACIÓN DE BLOQUES DE TEXTOS

3.5.1 Elemento article

Especifica un contenido que, habitualmente, es considerado como una entidad independiente o autónoma que cobra sentido por sí sola sin depender de los demás elementos colindantes. Un ejemplo podría ser:

```
<article>
    <header>
        <h2>HTML5</h2>
    </header>

    <div>
```

```
    <p> El lenguaje HTML5 (HyperText Markup Language Versión 5) es
un lenguaje de marcado de hipertexto que está vigente desde el año 2014
y puede ser utilizado para...</p>
    </div>

    <footer>
        <a href="html-usos.html">Seguir leyendo</a>
    </footer>
</article>
```

El elemento ARTICLE es uno los elementos clave para el posicionamiento SEO, y es de vital importancia para la accesibilidad y semántica web. Por ello, cuando se declara este elemento, se debe especificar, al menos, una etiqueta HEADER con el título y una etiqueta FOOTER con las posibles acciones, si procede.

Además, también es importante tener claro que ARTICLE no puede contener elementos SECTION contenidos en él, puesto que, de lo contrario, se perdería el valor de entidad única, independiente y significativa.

3.5.2 Elemento aside

Especifica un contenido que, habitualmente, es considerado como una entidad independiente a todo elemento colindante. Su uso está especialmente arraigado para listas u opciones de navegación, nubes de etiquetas y menús Off Canvas, aunque se puede utilizar para cualquier cometido mientras no se pierda su significado u ontología. Un ejemplo podría ser:

```
<aside>
    <h3>Artículos relaccionados</h3>
    <ul>
        <li><a href="#">Artículo 1</a></li>
        <li><a href="#">Artículo 2</a></li>
        <li><a href="#">Artículo 3</a></li>
    </ul>
</aside>
```

3.5.3 Elemento div

El elemento DIV especifica que el contenido que se va a representar es una división o sección.

Aunque el uso de la etiqueta DIV no tiene restricciones, su aplicación está más pensada para realizar divisiones que no tengan, o tengan poco, valor semántico, es decir, su uso debe debería darse cuando no se puedan utilizar elementos de mayor significado como puedan ser MAIN, NAV, SECTION, ARTICLE, HEADER o FOOTER.

```
<div>
    <p>Esto puede ser un texto descriptivo sobre HTML5</p>
    <img src="./html5.png" />
</div>
```

3.5.4 Elemento footer

El elemento FOOTER puede especificar un pie de página o un pie de artículo, dependiendo de donde se declare. Si es un descendiente directo del elemento ARTICLE, se considerará pie de artículo. Si es un descendiente directo del elemento BODY, se considerará pie de página o documento.

El elemento FOOTER sólo puede ser declarado una única vez por artículo y por página, sin embargo, dependiendo de donde se defina, su intencionalidad es muy diferente.

Si está dentro de una estructura ARTICLE, lo habitual es que contenga las acciones asociadas o en relación con el artículo que se está describiendo, pero, si es un pie de página, lo habitual es que contenga los datos de contacto, acceso a documentos importantes como la Política de Privacidad, Términos de uso o la Declaración de cookies, información de copyright, los enlaces hacia sus redes sociales o, incluso, otras acciones relacionadas con el contexto de la web y la empresa u organización como apuntarse a la newsletter.

Un ejemplo podría ser:

```
<footer>
    <ul>
        <li>Copyright ©2020</li>
        <li>Polícita de Privacidad</li>
        <li>Versión para móviles</li>
    </ul>
</footer>
```

3.5.5 Elemento main

El elemento MAIN especifica el bloque de contenido principal de un documento web. Su uso es importante para no perder semántica y, por ello, sólo se debe definir un elemento MAIN en todo el documento.

No obstante, tampoco puede ser un descendiente de ASIDE, SECTION, ARTICLE, HEADER, FOOTER o NAV y, salvo excepciones, no debe incluir secciones laterales, cabeceras o pies de página, menús de navegación principales, formularios de búsqueda ni ningún otro elemento que, por definición o contexto, deban estar fuera de la sección principal del documento.

Un ejemplo podría ser:

```
<main>
    <h1>CSS</h1>
    <p>CSS es un lenguaje de marcado para proveer estilos al conteni-
do.</p>

    <!—Más contenidos -->

    <aside>Otros contenidos</aside>
</main>
```

3.5.6 Elemento nav

El elemento NAV especifica un conjunto de enlaces de navegación. Este conjunto de enlaces debe estar destinado únicamente para el bloque principal, es decir, no se debe usar el elemento NAV para acciones, botones o enlaces que no pertenezcan al menú principal de navegación. Un ejemplo podría ser:

```
<nav>
    <ul class="nav navbar-nav navbar-right">
        <li><a href="#home">Inicio</a></li>
        <li><a href="#about">Acerca de Nosotros</a></li>
        <li><a href="#features">Servicios</a></li>
        <li><a href="#blog">Blog</a></li>
        <li><a href="#support">Contactar</a></li>
        <li><a href="javascript:showSearchLayer()">Buscar</a></li>
    </ul>
</nav>
```

Cabe destacar que, la utilización correcta de este elemento es importante para la usabilidad web, la semántica web, el posicionamiento SEO y, especialmente, para la accesibilidad web.

La razón de su importancia en accesibilidad es que las herramientas de asistencia, como los lectores de pantalla, usan este elemento para determinar si omitir o no la representación inicial del contenido del documento.

3.5.7 Elemento section

El elemento SECTION especifica un contenido que, habitualmente, contiene entidades independientes como artículos y tiene una temática definida.

Al igual que sucede con el elemento ARTICLE, el elemento SECTION suele llevar asociado un elemento de encabezado por su naturaleza semántica, aunque no es una cualidad requerida. Un ejemplo podría ser:

```
<section>
    <article>
        <h3>Atmósfera de Mercurio</h3>
        <p>La atmósfera de Mercurio contiene un 31.7% de Potasio, un
24.9% de Sodio, un 9.5% de Oxígeno atómico, un 7.0% de Argón, un 5.9%
de Helio, un 5.6% de Oxígeno molecular, un 5.2% de Nitrógeno, un 3.6%
de Dióxido de carbono, un 3.4% de Agua y un 3.2% de Hidrógeno.</p>
    </article>
</section>
```

El elemento SECTION es otro de los elementos clave para el posicionamiento SEO, y es de vital importancia para la accesibilidad y semántica web. Por ello, cuando se declara este elemento, se debe especificar, al menos, una etiqueta H1...H6 con el título.

Además, también es importante tener claro que SECTION puede contener varios elementos SECTION a su vez, o tener varios elementos ARTICLE, pero un elemento ARTICLE no puede contener elementos SECTION contenidos en él.

3.6 INSERCIÓN DE GRÁFICOS

HTML5 es un lenguaje versátil que permite manejar audio, vídeo e imágenes adaptativas de múltiples formas, no obstante, los elementos más recurrentes siguen siendo AUDIO, VÍDEO e IMG.

3.6.1 Elementos figure y figcaption

El elemento FIGURE especifica que el contenido que se va a representar es una ilustración, diagrama, fotografía, listado de códigos o algo similar. Para describir el contenido del FIGURE puede ser descrito a través del elemento FIGCAPTION.

```
<figure>
    <img src="./images/gantt.jpg" alt="diagrama-de-gantt" />
    <figcaption>Ejemplo de diagrama de Gantt</figcaption>
</figure>
```

Cabe destacar que el elemento FIGURE es un elemento de sección que está excluido del esquema principal del documento por considerarse que su propósito es introducir contenidos externos y que no tiene por qué estar formado por un único elemento de contenido. De hecho, es frecuente verlo para definir un conjunto de elementos multimedia que representan una única entidad que se desea, se interprete, como una única figura.

3.6.2 Elemento img

El elemento IMG especifica que el contenido que se va a representar es una imagen. Este elemento imagen no es incrustado en el documento, aunque sí que se reserva un espacio de retención para la imagen.

```
<img src="./images/gantt.jpg" alt="diagrama-de-gantt" />
```

El elemento IMG no se debería utilizar si el contenido que muestra no está relacionado directamente con el contenido del documento, es decir, sólo se debe utilizar cuando su representación sea significativa para el contenido del documento.

También es importante saber que la inserción de imágenes en un documento puede afectar al rendimiento global y a la accesibilidad, por lo que se deben definir de forma precisa utilizando todos los atributos necesarios.

Entre los atributos que admite en su configuración, se deben destacar **ALT**, que especifica el texto descriptivo que se debe mostrar cuando la imagen no esté disponible, **HEIGHT** y **WIDTH**, que especifican la altura y anchura en píxeles de la imagen dentro del documento y **SRC** y que especifica la URL del archivo a cargar.

3.6.3 Elemento picture

El elemento PICTURE fue diseñado con la idea de proporcionar soporte nativo a imágenes responsive o adaptativas. En general, se utiliza de forma conjunta con el elemento SOURCE y IMG para ofrecer las diferentes alternativas de la imagen en distintos escenarios o resoluciones.

```
<picture>
    <source srcset="./img/land-desktop.png" media="(min-width: 1680px)"
/>
    <source srcset="./img/land-laptop.png" media="(min-width: 1366px)"
/>
    <source srcset="./img/land-tablet.png" media="(min-width: 640px)"
/>
    <source srcset="./img/land-mobile.png" media="(min-width: 360px)"
/>

    <img src="./img/land-laptop.png" />
</picture>
```

Cuando se definen todos los elementos, el agente de usuario seleccionará, entre todos los elementos secundarios SOURCE, el que mejor coincida con el escenario actual. Si no encuentra una coincidencia que se ajuste lo suficientemente, o no soporta el elemento PICTURE, lo que se representará será la imagen asociada al elemento IMG.

3.6.4 Elemento source

El elemento SOURCE permite especificar los recursos alternativos de medios que están disponibles para ser gestionados por los elementos AUDIO, PICTURE y VÍDEO.

Estos recursos serán seleccionados de forma automática por el agente de usuario en función del tipo de medio, códec o consulta de medios.

```
<picture>
  <source srcset="./img/land-laptop.png" media="(min-width: 1366px)" />
  <source srcset="./img/land-tablet.png" media="(min-width: 900px)" />
  <source srcset="./img/land-mobile.png" media="(min-width: 768px)" />
</picture>
```

Entre los atributos que admite en su configuración, se deben destacar los siguientes:

3.6.4.1 ATRIBUTO SRCSET

Especifica una lista de imágenes, separadas por coma, a seleccionar según sea el medio, resolución, etc. Cada elemento de esta lista se compone de una URL, un descriptor de ancho seguido de la letra W minúscula (por ejemplo, 360w o 480w) y un descriptor de densidad seguido de la letra X minúscula (por ejemplo, 2x).

Aunque las opciones de descriptor de ancho y descriptor de densidad son opcionales, al menos, una de ellas siempre debe estar presente. Es un elemento obligatorio cuando está definido dentro de una estructura **PICTURE**.

3.6.4.2 ATRIBUTO MEDIA

Especifica la consulta de medios que se debería cumplir para poder ser aplicado el recurso. Sigue las mismas normas y validaciones que las consultas de medios definidas por la regla **@MEDIA**.

3.6.4.3 ATRIBUTO TYPE

Especifica el tipo MIME del recurso. Todos los posibles valores que puede tomar este atributo están disponibles en la dirección *http://www.iana.org/ assignments/media-types/*.

3.7 CREACIÓN DE HIPERVÍNCULOS A OTRAS PÁGINAS

3.7.1 Elemento a

El elemento A especifica que el contenido que se va a representar es un hipervínculo que, habitualmente, lanzará una acción a otro lugar del documento actual o a otro documento diferente.

Por defecto, los enlaces se estilizan de la misma forma para ayudar a la accesibilidad y usabilidad web. Es por esta razón que, en general, todos los agentes de usuario suelen mostrar los enlaces no visitados en azul y subrayado, los enlaces visitados en morado y subrayado y, los enlaces activos en rojo y subrayado.

```
<a href="https://www.google.es">Visitar Google España</a>
```

Entre los atributos que admite en su configuración, los más utilizados son:

Atributo	Descripción
download	Especifica que el contenido al que apunta el enlace debe ser descargado. Aunque casi todos los navegadores lo soportan, no es funcional con ningún navegador de Microsoft hasta la versión 18 de Microsoft Edge.
href	Especifica el destino hacia donde se irá cuando se pulse en el enlace. Si este valor empieza por el símbolo almohadilla, indicará que se desea ir a otra sección del documento actual. De no ser así, indicará la dirección hacia otro documento diferente.
hreflang	Especifica el idioma del documento vinculado.
rel	Especifica la relación existente entre el documento actual y el vinculado. Entre los posibles valores que puede tomar, los más frecuentes son NOREFERRER, para indicar que no se envíe ningún encabezado, NOFOLLOW, para indicar que el enlace no sea rastreado por los crawlers y SEARCH, para indicar que el documento es una página de búsqueda.
target	Especifica donde se abrirá el vínculo. Entre los posibles valores que puede tomar, los más frecuentes son _BLANK, para indicar que se abra en una nueva pestaña, _SELF, para indicar que se abra en la misma pestaña y _TOP, para que se abra en el primer elemento BODY de la ventana.

Cabe destacar que, si el atributo HREF no está presente, los atributos DOWNLOAD, HREFLANG, MEDIA, REL, TARGET y TYPE no tendrán ningún efecto y serán ignorados.

3.8 CREACIÓN DE TABLAS

Las tablas no son nada más que una forma de organizar la información a través de filas y columnas. El problema reside cuando estas estructuras contienen mucha información y no pueden representarse de manera correcta en dispositivos con poca resolución o de pequeño tamaño.

En este capítulo vamos a ver cómo definir tablas, cómo hacerlas decorativas, cómo hacerlas adaptativas o Responsive y cómo hacerlas usables y accesibles.

3.8.1 Elementos disponibles en HTML5

3.8.1.1 ELEMENTO CAPTION

El elemento CAPTION especifica que el contenido que se va a representar es el título de una tabla. Sólo puede definirse un elemento CAPTION por tabla y es importante que el elemento CAPTION sea el primer hijo directo del elemento TABLE.

3.8.1.2 ELEMENTO TABLE

El elemento TABLE especifica que el contenido que se va a representar es una estructura de datos tabulados en forma de filas y columnas, es decir, una tabla.

Entre los atributos que admite en su configuración, se deben destacar **BORDER**, **CELLPADDING**, **CELLSPACING** y **WIDTH**, pero todos ellos es mejor declararlos a través de sus homólogos de CSS.

Las tablas es uno de los elementos de HTML menos accesibles que, a menudo, encontramos en las páginas. Primero porque los desarrolladores no conocen todas las posibilidades de configuración y, segundo, porque si no se ve toda ella en su conjunto puede ser algo muy difícil de entender o contextualizar. Como ejemplo extremo, piense que, si un usuario sólo puede ver un dato en una tabla que, además, no presenta una cabecera por la circunstancia que sea, puede no saber a qué se refiere dicho dato.

Por tanto, si se han de utilizar, se deben especificar las dimensiones en términos de porcentaje y establecer todas sus propiedades para que no se pierda semántica y/o accesibilidad.

La declaración de los elementos de cabecera y pie de tabla (THEAD y TFOOT) deben establecerse antes que el elemento del contenido de la tabla TBODY para que el agente de usuario pueda renderizar la información de contexto antes de recibir el detalle con todas las filas de datos, que pueden ser muchas.

Cabe destacar que, los atributos ID, HEADERS y SCOPE, no tienen ningún efecto visual, sin embargo, junto con el elemento CAPTION, son muy útiles para las tecnologías asistivas como los lectores de pantalla puesto que aclaran y fortalecen su significado.

3.8.1.3 ELEMENTO COLGROUP

El elemento COLGROUP especifica que el contenido que se va a representar es un grupo de una o más columnas de una tabla. Suele ser útil para aplicar estilos de forma agrupada en vez de tener que repetirlos de uno en uno.

Es importante que el elemento COLGROUP sea hijo directo del elemento TABLE, que esté declarado justo después del elemento CAPTION y justo antes de los elementos THEAD, TBODY o TFOOT porque, de no ser así, puede afectar a la usabilidad web y a la accesibilidad web.

Para especificar o definir las propiedades de cada columna dentro de cada elemento COLGROUP se debe utilizar el elemento COL. Este elemento sólo permite el atributo SPAN para definir el número de columnas que debe abarcar.

```
<colgroup>
    <col style="background: whitesmoke;"></col>
    <col span="2" style="background: lavender;"></col>
</colgroup>
```

3.8.1.4 ELEMENTOS THEAD Y TFOOT

El elemento THEAD especifica que el contenido que se va a representar es el encabezado de una tabla. El elemento TFOOT es idéntico al elemento THEAD, con la diferencia de que el contenido que se va a representar es el pie de página de una tabla.

Cabe destacar que los elementos THEAD y TFOOT deben declararse justo después del elemento CAPTION y COLGROUP y justo antes del elemento TBODY. También es importante constatar que el elemento THEAD no se debe omitir puesto que su omisión puede perjudicar de forma notable a la usabilidad web y a la accesibilidad web de la página.

3.8.1.5 ELEMENTO TBODY

El elemento TBODY especifica que el contenido que se va a representar es el cuerpo de una tabla.

Cabe destacar que elemento TBODY debe declararse justo después de los elementos THEAD y TFOOT. Además, no se debe omitir puesto que su omisión puede perjudicar de forma notable a la usabilidad web y a la accesibilidad web de la página.

3.8.1.6 ELEMENTO TR

El elemento TR especifica que el contenido que se va a representar es una fila perteneciente a un encabezado, cuerpo o pie de página en una tabla.

3.8.1.7 ELEMENTO TH

El elemento TH especifica que el contenido que se va a representar es una celda de encabezado.

Entre los atributos que admite en su configuración, se deben destacar **COLSPAN**, que especifica el número de columnas que se deben unificar, **ROWSPAN**, que especifica el número de filas que se deben unificar, **ID**, que especifica el identificador de la columna y que es necesario para utilizarlo con el atributo HEADERS del elemento TD, **HEADERS**, que especifica la lista de identificadores únicos (separados por espacios en blanco) que se corresponden con los atributos ID pertenecientes a los elementos TH y **SCOPE**, que especifica un único valor que vincula la información entre las celdas de la cabecera y las celdas de datos para indicar si una celda de encabezado es un encabezado para una columna, una fila o un grupo de columnas o un grupo de filas.

3.8.1.8 ELEMENTO TD

El elemento TD especifica que el contenido que se va a representar es una celda de datos.

Entre los atributos que admite en su configuración, se deben destacar **COLSPAN**, que especifica el número de columnas que se deben unificar, **ROWSPAN**, que especifica el número de filas que se deben unificar y **HEADERS**, que especifica la lista de identificadores únicos (separados por espacios en blanco) que se corresponden con los atributos ID pertenecientes a los elementos TH.

3.9 INSERCIÓN DE DISTINTOS FRAMES EN UNA PÁGINA

Los marcos (frames) y los objetos son utilizados para insertar contenidos de otras tecnologías en un documento HTML y, en ocasiones, incluso para insertar otro documento HTML.

Históricamente se usaban para poder tener los elementos de cabeceras, menús de navegación y pies de página comunes y, de esta forma, actualizar el menor contenido posible, provocando que la carga fuese más rápida. Sin embargo, uno de los pocos usos que tienen los objetos hoy día es la incrustación de vídeos de YouTube o Vimeo. El proceso de inserción en una web es francamente sencillo, sin embargo, conseguir que estos contenidos multimedia se vean de forma adecuada puede ser algo tedioso.

El uso de marcos y objetos es posible, básicamente gracias a los elementos IFRAME, que especifica que el contenido que se va a representar es un marco en línea que contiene otro documento dentro del propio documento actual y al elemento OBJECT, que especifica que el contenido que se va a representar es un objeto incrustado que contiene otro documento dentro del propio documento actual.

Aunque no es frecuente, el elemento OBJECT permite la inserción de una página web, sin embargo, este elemento es más recomendable para aquellos contenidos que sean de otras tecnologías diferentes a HTML. Si el objeto o documento que se desea agregar es HTML es mejor incrustarlo en línea o como parte del propio documento a través de alguna tecnología que permita la inclusión de contenidos externos, como pueda ser JavaScript.

Tampoco es una buena idea insertar imágenes a través de este elemento porque puede no ser procesada de manera correcta y, de hacerlo, su aplicación puede tener efectos no deseados tanto en temas de posicionamiento SEO, como en accesibilidad web.

Dicho esto, para conseguir que los contenidos multimedia insertados a través de IFRAME u OBJECT se vuelvan receptivos y, por tanto, más usables, lo primero que se debe hacer es embeberlos en una capa externa a modo de contenedor.

```html
<div class=" vídeo-responsive">
    <iframe src="https://www.youtube.com/embed/0sAc60jzKv4"
            frameborder="0"
            allow="accelerometer; autoplay; encrypted-media;
                gyroscope; picture-in-picture"
            allowfullscreen>
    </iframe>
</div>
```

Una vez hecho esto, al contendor se le asignará una relación de aspecto intrínseca para el vídeo. La forma de conseguir esta relación de aspecto es a través de la propiedad PADDING, la cual permite que una caja tome una relación de aspecto determinada en función del ancho de la capa contenedora.

```css
.vídeo-responsive {
    overflow: hidden;
    padding-bottom: 56.25% !important;
    padding-top: 25px !important;
    position: relative !important;
}
```

La razón de por qué este PADDING es 56.25%, es porque la relación del vídeo esperada es 16:9. De hecho, calcular este valor resulta tan sencillo como aplicar una sencilla regla de tres:

$$PADDING_{BOTTOM} = 9 * \frac{100}{16} = 56.25\%$$

Sin embargo, si la relación de aspecto esperada fuese 4:3, el valor del PADDING sería muy diferente:

$$PADDING_{BOTTOM} = 3 * \frac{100}{4} = 75\%$$

Ahora bien, la razón de por qué el PADDING-TOP es 25 píxeles es muy diferente. La altura del cromo es estática, independientemente de resolución del vídeo y, por ello, hay que ajustarlo de forma fija.

Si ahora aprovechamos las ventajas que nos da el posicionamiento absoluto sobre el último relativo y ponemos el elemento IFRAME al cien por cien del ancho y alto del contendor, ya tenemos un vídeo totalmente responsive.

```css
.vídeo-responsive iframe,
.vídeo-responsive object,
.vídeo-responsive embed {
    height: 100%;
    left: 0;
    position: absolute;
    top: 0;
    width: 100%;
}
```

Si quisiéramos hacer esto mismo a través de OBJECT, en vez de IFRAME, sólo tendríamos que cambiar el atributo SRC por el atributo DATA.

```html
<div class=" vídeo-responsive">
    <object data="https://www.youtube.com/embed/0sAc60jzKv4"
            frameborder="0"
            allow="accelerometer; autoplay; encrypted-media;
                gyroscope; picture-in-picture"
            allowfullscreen>
    </object>
</div>
```

Como se puede apreciar, no es tan difícil como se podría pensar, sin embargo, esta solución no es la única. Existen otras opciones que presentan algunas modificaciones, pero que resultan útiles en situaciones particulares.

Otra posible forma de hacer que este tipo de recursos se vuelvan adaptables a cualquier dispositivo es hacer lo siguiente:

```
<style>
    .vídeo-container {
        overflow: hidden;
        position: relative;
        width:100%;
    }

    .vídeo-container::after {
        padding-top: 56.25%;          /* Esto es porque 9 es el 56.25% de 16 */
        display: block;
        content: '';
    }

    .vídeo-container iframe {
        position: absolute;
        top: 0;
        left: 0;
        width: 100%;
        height: 100%;
    }
</style>

<div class="vídeo-container">
    <iframe allow="accelerometer; autoplay; encrypted-media; gyroscope;
                picture-in-picture"
            allowfullscreen
            frameborder="0"
            src="https://www.youtube.com/embed/x2D7jHfitzk">
    </iframe>
</div>
```

En esta ocasión, dado que el vídeo está en una relación de aspecto 16:9, la opción por la que se ha optado es establecer un contenedor que tiene asignado un posicionamiento relativo, sin posibilidad de desbordamiento y unos márgenes internos que mantengan las proporciones del vídeo. Luego, al marco, se le dota de un posicionamiento absoluto para que se ajuste al 100% del contenedor permitiendo, así, que se ajuste a todos los dispositivos y/o resoluciones.

4

ANIMACIÓN DE GRÁFICOS

4.1 CREACIÓN DE ANIMACIONES EN FORMATO VÍDEO

La creación de vídeos puede realizarse a través de múltiples herramientas que van desde soluciones profesiones de escritorio como Adobe Premiere, Adobe After Effects, Filmora o iMovie, hasta soluciones móvil o portátiles como Kinemaster, Canva o CapCut.

Para crear vídeos se pueden seguir los siguientes pasos:

- **Planificación y guionización**:

  Antes de comenzar, se debe definir el propósito y el mensaje del vídeo a través de un guión que detalle qué contenido se desea incluir y cómo se desea presentarlo.

- **Grabación del vídeo**:

  Para hacer este cometido se puede recurrir a una cámara de vídeo o un dispositivo móvil para grabar el contenido visual. Eso sí, deberemos asegurarnos de tener una buena iluminación y un sonido claro, si procede.

- **Edición del vídeo**:

  Elegir la solución de software más adecuada a nuestro nivel de conocimiento y destreza (ejemplo de ellos son los mencionados antes como Adobe Premiere o Kinemaster) para editar y organizar el contenido grabado. Con estos programas podremos agregar efectos visuales, transiciones, música y subtítulos según sea necesario.

▶ **Optimización para la web**:

Una vez que se haya creado y editado el vídeo, deberemos asegurarnos de optimizarlo para su visualización en la web a través de una adecuada compresión para reducir su tamaño y mejorar su velocidad de carga.

▶ **Subida del vídeo**:

La subida al sitio web puede hacerse a través de múltiples vías, pero la más frecuente es recurrir a plataformas de alojamiento de vídeos online como YouTube, Vimeo o Wistia. Estas plataformas nos permitirán compartir fácilmente el vídeo y embeberlo en nuestro sitio web y redes sociales.

▶ **Incrustación en tu sitio web**:

Una vez que el vídeo esté online, se puede incrustar en los sitios web utilizando el código proporcionado por las plataformas de alojamiento de vídeos o realizarlo mediante código HTML como se mostrará a continuación.

▶ **Pruebas y optimización**:

Por último, deberemos realizar algunas pruebas para asegurarnos de que el vídeo se vea y funcione correctamente en los diferentes dispositivos y navegadores web. Este proceso puede que requiera de la realización de ajustes adicionales según sea necesario para garantizar una experiencia de visualización óptima.

4.1.1 Inserción de vídeos en una página web

4.1.1.1 ELEMENTO SOURCE

El elemento SOURCE permite especificar los recursos alternativos de medios que están disponibles para ser gestionados por los elementos AUDIO, PICTURE y VÍDEO.

Estos recursos serán seleccionados de forma automática por el agente de usuario en función del tipo de medio, códec o consulta de medios.

```
<picture>
  <source srcset="./img/land-laptop.png" media="(min-width: 1366px)" />
  <source srcset="./img/land-tablet.png" media="(min-width: 900px)" />
  <source srcset="./img/land-mobile.png" media="(min-width: 768px)" />
</picture>
```

Entre los atributos que admite en su configuración, se deben destacar los siguientes:

4.1.1.1.1 Atributo SRCSET

Especifica una lista de imágenes, separadas por coma, a seleccionar según sea el medio, resolución, etc. Cada elemento de esta lista se compone de una URL, un descriptor de ancho seguido de la letra W minúscula (por ejemplo, 360w o 480w) y un descriptor de densidad seguido de la letra X minúscula (por ejemplo, 2x).

Aunque las opciones de descriptor de ancho y descriptor de densidad son opcionales, al menos, una de ellas siempre debe estar presente. Es un elemento obligatorio cuando está definido dentro de una estructura **PICTURE**.

4.1.1.1.2 Atributo MEDIA

Especifica la consulta de medios que se debería cumplir para poder ser aplicado el recurso. Sigue las mismas normas y validaciones que las consultas de medios definidas por la regla **@MEDIA**.

4.1.1.1.3 Atributo TYPE

Especifica el tipo MIME del recurso. Todos los posibles valores que puede tomar este atributo están disponibles en la dirección *http://www.iana.org/ assignments/media-types/*.

4.1.1.2 ELEMENTO VÍDEO

El elemento VÍDEO especifica que el contenido que se va a representar es una película, cortometraje o cualquier otro contenido de vídeo. Aunque actualmente existen varios formatos de vídeo, entre los que podemos encontrar el MP4, AVI, WEBM u OGG, el más compatible es el formato en MP4.

```
<vídeo controls>
    <source src=" el-quinto-elemento.mp4" type="audio/mp4">

    El navegador no soporta la etiqueta vídeo.
</vídeo>
```

Entre los atributos que admite en su configuración, hay que destacar la propiedad **AUTOPLAY**, para indicar si se debe poner automática en modo reproducción, **CONTROLS**, para especificar si se deben mostrar o no los controles de parar, reanudar, siguiente, etcétera, **LOOP**, para indicar si el audio se debe repetir de manera continuada cuando termine su reproducción, **MUTED**, para indicar si el volumen o salida de audio debe estar silenciada, **HEIGHT** y **WIDTH**, que especifican la altura y anchura en píxeles de la imagen dentro del documento y **SRC**, que especifica la URL del archivo de audio a cargar.

Si el elemento VÍDEO no puede reproducir ninguno de los vídeos propuestos con sonido o el agente de usuario indica que no es posible la reproducción de sonido, el elemento TRACK podrá adquirir un papel importante. Esto es así porque, el elemento TRACK especifica una pista adicional que servirá como descripción textual para el elemento VÍDEO.

4.2 TRANSFORMACIONES Y EFECTOS

Una transformación es un cambio de "estado" sobre la forma que la ejecuta. Esto se suele traducir en cambios en la escala, rotación, sesgado o desplazamiento del elemento en base a un sistema de coordenadas de dos dimensiones, aunque es posible conseguir efectos en sistemas de coordenadas de 3 dimensiones.

Por intentar ser más preciso y claro, a partir de este momento y para los ejemplos de esta sección, supondremos un elemento DIV al que se le han definido unos estilos de 100 píxeles de ancho, 100 píxeles de alto, un fondo con degradado vertical de blanco a negro y un borde de 2 píxeles negros, sin márgenes internos ni externos. Esto es:

```
div {
    width: 100px;
    height: 100px;
    background: linear-gradient(0deg, black 0, black 50%, white);
    border: 2px solid #000;
    margin: 0;
    padding: 0;
}
```

4.2.1 Función de escalado (scale)

La función SCALE permite cambiar el tamaño del objeto respecto de su tamaño original.

La manera de especificar la relación de tamaño es a través de un valor en tanto por uno. Este valor de relación de tamaño puede especificarse a nivel global, es decir, para ambos ejes X e Y o, de manera independiente, es decir, un valor concreto para cada eje, lo que permite romper la relación de aspecto de la figura u objeto original.

Forma original   **Valor 0.5**   **Valor 2.0**

Ejemplos:

```
div { transform: scale(0.5); }
div { transform: scale(0.5, 1.5); }
```

4.2.2 Función de rotación (rotate)

La función ROTATE permite girar un objeto respecto a cualquiera de los ejes de un sistema de coordenadas tridimensional.

La manera más sencilla de especificar la cuantía del giro es a través de un valor en grados, es decir, mediante un valor comprendido entre 0 y 360, seguido del sufijo DEG. No obstante, también es posible especificar el valor de la rotación en radianes. La forma de calcular los radianes a partir de los grados es:

$$RAD = Grados * \frac{\pi}{180} = 1° * \frac{3.14159265359...}{180} = 0.0174533 \text{ radianes}$$

Si se especifica un valor positivo, el giro se realizará en el sentido de las agujas del reloj y, si se especifica un valor negativo, el giro se realizará en el sentido contrario a las agujas del reloj.

Forma original   **Valor positivo**   **Valor negativo**

Ejemplos:

```
div { transform: rotate(45deg); }
div { transform: rotate(-45deg); }
```

Si se desea que el giro se realice en un eje en particular, se debe recurrir a ROTATEX, ROTATEY o ROTATEZ.

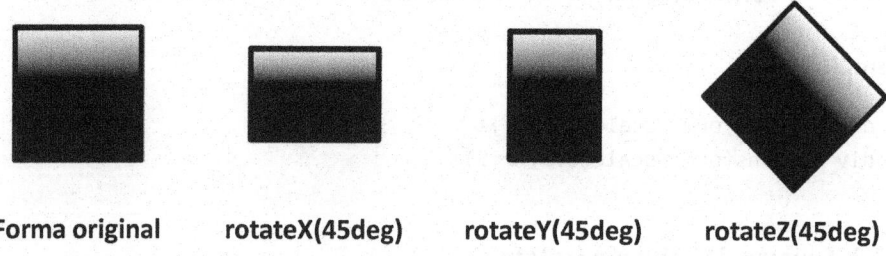

Forma original   **rotateX(45deg)**   **rotateY(45deg)**   **rotateZ(45deg)**

4.2.3 Función de sesgado (skew)

La función SKEW permite inclinar un objeto respecto a cualquiera de los ejes de un sistema de coordenadas bidimensional.

Al igual que sucede con la función de ROTATE, la manera más sencilla de especificar la cuantía de la inclinación es a través de un valor en grados, es decir, mediante un valor comprendido entre 0 y 360, seguido del sufijo DEG. No obstante, también es posible especificar el valor de la rotación en radianes. La forma de calcular los radianes a partir de los grados es:

$$RAD = Grados * \frac{\pi}{180} = 1° * \frac{3.14159265359...}{180} = 0.0174533 \text{ radianes}$$

Si se especifica un valor positivo, la inclinación se realizará de modo que, la parte superior, se irá posicionando más hacia la izquierda y, la parte inferior, más hacia la derecha. Por el contrario, si se especifica un valor negativo, la inclinación se realizará de modo que, la parte superior, se irá posicionando más hacia la derecha y, la parte inferior, más hacia la izquierda.

Forma original   **Inclinación positiva**   **Inclinación negativa**

Ejemplos:

```
div { transform: skew(45deg); }
div { transform: skew(-45deg); }
```

4.2.4 Función de traslado (translate)

La función TRANSLATE permite mover un objeto respecto en cualquiera de los ejes de un sistema de coordenadas tridimensional.

La manera habitual de especificar este desplazamiento es en píxeles o porcentajes, no obstante, es posible especificarlo en cualquiera de las unidades de medida compatibles con CSS.

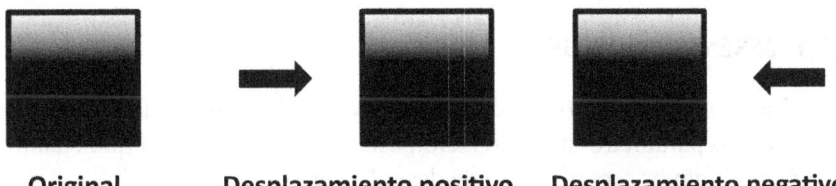

Original   **Desplazamiento positivo**   **Desplazamiento negativo**

Ejemplos:

```
div { transform: translate(100px); }
div { transform: translate(-100px); }
```

Si se desea que el desplazamiento se realice en un eje en particular, se debe recurrir a TRANSLATEX, TRANSLATEY o TRANSLATEZ según el eje que se quiera manipular.

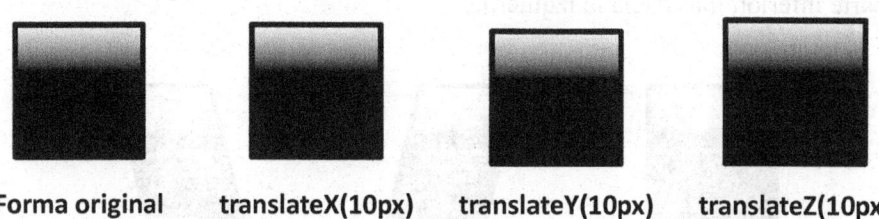

Forma original   translateX(10px)   translateY(10px)   translateZ(10px)

Por último, destacar que para que el desplazamiento en el eje Z se lleve a cabo, hay que especificar, al menos, un valor de perspectiva, es decir, un valor máximo para el eje Z. Por intentar ser algo más claros, si el contenedor donde está el elemento es de 100x100 píxeles, lo habitual es establecer la perspectiva a 100 píxeles:

Ejemplos:

```
div { transform: perspective(100px) translateZ(10px); }
```

4.2.5 Filtros o efectos en CSS

Un filtro de CSS es una transformación en la representación gráfica del elemento u objeto. En general, se aplican únicamente a imágenes rasterizadas, aunque también es posible aplicarlos a imágenes vectoriales.

4.2.5.1 DESENFOQUE (BLUR)

La función BLUR tiene como objetivo realizar un desenfoque gaussiano tomando como parámetro una desviación estándar. Esto significa que cuanto mayor sea este valor, mayor será el efecto de desenfoque.

Para quién no lo sepa, un desenfoque gaussiano es un efecto de suavizado realizado a través de un algoritmo o fórmula matemática y que se basa en calcular un nuevo color a partir del color de un pixel dado y los que están a su alrededor.

La consecuencia directa de esta nueva imagen será la pérdida de algunos detalles con respecto a la imagen original provocando una sensación de pérdida de nitidez o claridad en los bordes del pixel tratado.

Imagen Original   **Desenfoque Gaussiano 2px**   **Desenfoque Gaussiano 4px**

Ejemplos:

```
div { filter: blur(0px); /* Imagen izquierda */ }
div { filter: blur(2px); /* Imagen central */ }
div { filter: blur(4px); /* Imagen derecha */ }
```

4.2.5.2 BRILLO O ILUMINACIÓN (BRIGHTNESS)

La función BRIGHTNESS tiene como objetivo realizar una compensación de iluminación regular a todo el objeto o imagen. Los valores de esta función se suelen especificar en tanto por uno, aunque también es posible especificar sus valores en porcentajes.

Si estamos en la unidad de medida en tanto por uno, significa que, si el valor es menor de uno, la imagen se volverá más oscura y, si el valor es mayor que uno, la imagen se volverá más clara.

Imagen Original   **Iluminación al 200%**   **Iluminación al 400%**

Ejemplos:

```
div { filter: brightness(0); /* Imagen izquierda */ }
div { filter: brightness(2); /* Imagen central */ }
div { filter: brightness(4); /* Imagen derecha */ }
```

4.2.5.3 CONTRASTE (CONTRAST)

La función CONTRAST tiene como objetivo realizar una compensación de contraste a todo el objeto o imagen. Los valores de esta función se suelen especificar en tanto por uno, aunque también es posible especificar sus valores en porcentajes.

Si estamos en la unidad de medida en tanto por uno, los valores permitidos son entre 0 y 1. Esto significa que, si el valor es cero, la imagen eliminará todo el contraste disponible, por lo que el negro se volverá gris puro y, si el valor es uno, la imagen no aplicará ningún ajuste de contraste, por lo que se verá la imagen original.

Imagen Original   **filter: contrast(0.5)**   **filter: contrast(0);**

Ejemplos:

```
div { filter: contrast(1);   /* Imagen izquierda */ }
div { filter: contrast(0.5); /* Imagen central */ }
div { filter: contrast(0);   /* Imagen derecha */ }
```

4.2.5.4 SOMBRA PARALELA (DROP-SHADOW)

La función DROP-SHADOW tiene como objetivo realizar un efecto de sombra paralela sobre el objeto o imagen.

Por entendernos, una sombra podría definirse como una copia desenfocada e independiente del canal alfa con una tonalidad de color determinada y situada por debajo de la imagen original.

Los valores de esta función se suelen especificar en píxeles, aunque también es posible especificar sus valores en cualquiera de las unidades de medida compatibles de CSS.

La función DROP-SHADOW se alimenta de dos valores de posición, un valor para indicar el radio de desenfoque, un valor para indicar el radio de propagación y código de color.

Los dos primeros valores de posicionamiento son las coordenadas X e Y donde se trasladará la sombra con respecto a la posición original. Para un valor de X positivo, la sombra se desplazará hacia la derecha, mientras que, para un valor negativo, la sombra se desplazará hacia la izquierda. Algo similar pasa con el eje Y. Para un valor de Y positivo, la sombra se desplazará hacia abajo, mientras que, para un valor negativo, la sombra se desplazará hacia arriba.

El parámetro de radio de desenfoque, el tercer valor, producirá un mayor desenfoque cuanto mayor sea su valor. Un valor de 0 no aplicará ningún efecto de desenfoque y, como consecuencia de su lógica, no admitirá valores negativos.

El parámetro de radio de propagación, el cuarto valor, provocará que la sombra se expanda o contraiga en función de su valor. Por defecto es 0 lo que producirá que se aplique una sombra con un tamaño equivalente al tamaño de la imagen original. No obstante, este parámetro no es compatible con muchos navegadores, por lo que si se incluyen en la definición de la sombra, puede que no se realice el efecto por un error de sintaxis.

Imagen Original   **Sombra sin desenfoque**   **Sombra con desenfoque**

Ejemplos:

```
div { filter: drop-shadow(0px 0px 0px #000);      /* Imagen izquierda */
}
div { filter: drop-shadow(10px 10px 0px #000);   /* Imagen central */ }
div { filter: drop-shadow(10px 10px 10px #000);  /* Imagen derecha */ }
```

4.2.5.5 ESCALA DE GRISES (GRAYSCALE)

La función GRAYSCALE tiene como objetivo eliminar de la representación gráfica de un objeto sus matices de color. Los valores de esta función se suelen especificar en tanto por uno, aunque también es posible especificar sus valores en porcentajes.

Si estamos en la unidad de medida en tanto por uno, los valores permitidos son entre 0 y 1. Esto significa que, si el valor es cero, la imagen tendrá todos los matices de color y, si es uno, se aplicará el filtro de manera completa dejando la imagen en escala de grises.

Imagen Original   Escala de grises al 50%   Escala de grises al 100%

Aunque en una impresión en blanco y negro no se perciba, si estableciésemos un degradado rojo en la imagen de la izquierda, la imagen del centro se percibiría como rojo oscuro con matices marrones y, la imagen de la derecha, se percibiría como se ve en el papel, es decir, en tonos grisáceos.

Ejemplos:

```
div { filter: grayscale(0);    /* Imagen izquierda */ }
div { filter: grayscale(0.5);  /* Imagen central */ }
div { filter: grayscale(1);    /* Imagen derecha */ }
```

4.2.5.6 ROTACIÓN DE COLOR (HUE-ROTATE)

La función HUE-ROTATE tiene como objetivo aplicar una modificación en la tonalidad de los colores en base a una desviación calculada a través de un ángulo.

Para entender mejor este concepto pongamos un ejemplo. Si tomamos una imagen cualquiera y nos fijamos en un color concreto de la misma, veremos que dicho color tiene una posición concreta dentro de lo que se denomina "círculo cromático natural degradado".

Por ejemplo, si tomamos como referencia el color amarillo, vemos que está situado, más o menos, a la 1 y media, es decir, formando un ángulo de 135 grados. Pero, si tomamos como referencia el color rojo, vemos que está situado, más o menos, a las 3 en punto, o formando un ángulo de 180 grados.

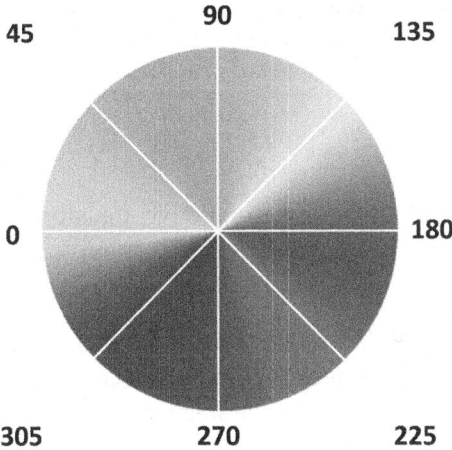

Círculo cromático natural degradado. Fuente: Wikipedia, la enciclopedia libre.

Al aplicar una rotación de color con un valor determinado de grados, lo que se consigue es, por decirlo así, que el circulo cromático gire en el sentido de las agujas del reloj, provocando que, el amarillo se convierta en turquesa y que, el rojo, se convierta en un verde.

Cabe destacar que, puede que, al aplicar este filtro, los resultados no se parezcan a los colores expuestos en el gráfico. Esto es porque la rotación de color sólo afecta al color y no al contraste, iluminación o saturación.

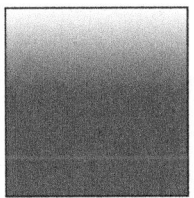

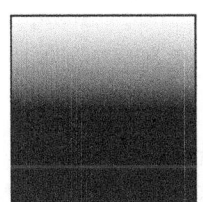

Imagen Original   **Rotación de 90 grados**   **Rotación de 180 grados**

Ejemplos:

```
div { filter: hue-rotate(0deg);    /* Imagen izquierda */ }
div { filter: hue-rotate(90deg);   /* Imagen central */ }
div { filter: hue-rotate(180deg);  /* Imagen derecha */ }
```

Si observamos el resultado de aplicar una rotación de color de 180 grados sobre el color rojo, lo que veremos es que se transforma en su color complementario, al igual que hace la función INVERT.

4.2.5.7 INVERSIÓN (INVERT)

La función INVERT tiene como objetivo transformar un color dado en su opuesto o complementario. Los valores de esta función se suelen especificar en tanto por uno, aunque también es posible especificar sus valores en porcentajes.

Si estamos en la unidad de medida en tanto por uno, los valores permitidos son entre 0 y 1. Esto significa que, si el valor es cero, la imagen será representada con sus colores originales y, si es uno, la imagen será representada con sus colores complementarios.

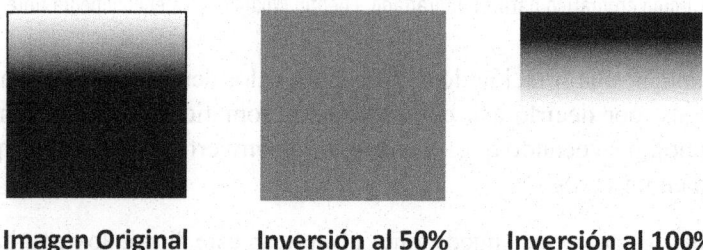

Imagen Original **Inversión al 50%** **Inversión al 100%**

Como se puede apreciar, cuando la inversión es equitativa (al 50 por ciento o 0.5), sea cual sea el color del pixel, se convierte en negro al 50%, es decir, un color RGB(128, 128, 128) o #808080 en hexadecimal. La razón de este resultado es porque la mezcla de un color con su complementario siempre genera un gris puro.

Ejemplos:

```
div { filter: invert(0);   /* Imagen izquierda */ }
div { filter: invert(0.5); /* Imagen central */ }
div { filter: invert(1);   /* Imagen derecha */ }
```

4.2.5.8 OPACIDAD (OPACITY)

La función OPACITY tiene como objetivo transformar el canal alfa de los colores para que se vuelva transparente. Esta función es básicamente la misma que la propiedad OPACITY de CSS, no obstante, es preferible aplicar esta funcionalidad a través de FILTER puesto que, algunos navegadores aprovechan la aceleración hardware en este filtro.

Los valores de esta función se suelen especificar en tanto por uno, aunque también es posible especificar sus valores en porcentajes.

Si estamos en la unidad de medida en tanto por uno, los valores permitidos son entre 0 y 1. Esto significa que, si el valor es cero, la imagen será totalmente transparente y, si es uno, la imagen será totalmente opaca.

Imagen Original   **Transparencia al 50%**   **Transparencia al 100%**

Ejemplos:

```
div { filter: opacity(1);   /* Imagen izquierda */ }
div { filter: opacity(0.5); /* Imagen central */ }
div { filter: opacity(0);   /* Imagen derecha */ }
```

4.2.5.9 SATURACIÓN (SATURATE)

La función SATURATE tiene como objetivo modificar la saturación de un color dado. Los valores de esta función se suelen especificar en tanto por uno, aunque también es posible especificar sus valores en porcentajes.

Si estamos en la unidad de medida en tanto por uno, significa que, si el valor es menor de uno, la imagen perderá saturación y, si el valor es mayor que uno, la imagen se irá sobresaturando. El valor cero, la convertirá en una imagen a escala de grises, equivalente a la función GRAYSCALE(1).

Imagen Original   **Saturación al 50%**   **Sin Saturación de Color**

Ejemplos:

```
div { filter: saturate(1);   /* Imagen izquierda */ }
div { filter: saturate(0.5); /* Imagen central */ }
div { filter: saturate(0);   /* Imagen derecha */ }
```

4.2.5.10 SEPIA (SEPIA)

El efecto SEPIA se suele corresponder con los pigmentos obtenidos de la tinta de la sepia y, en CSS, tiene como objetivo transformar los colores de forma que tomen un color rojo anaranjado con poca o muy poca saturación, como si de un envejecimiento o pérdida de pigmentos de color se tratase. Los valores de esta función se suelen especificar en tanto por uno, aunque también es posible especificar sus valores en porcentajes.

Si estamos en la unidad de medida en tanto por uno, los valores permitidos son entre 0 y 1. Esto significa que, si el valor es cero, la imagen será representada con sus colores originales y, si es uno, la imagen será representada con la aplicación del efecto por completo.

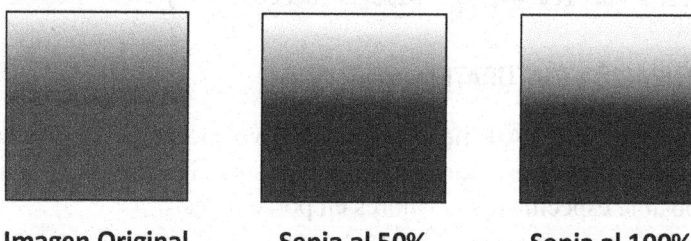

Imagen Original　　　**Sepia al 50%**　　　**Sepia al 100%**

Ejemplos:

```
div { filter: sepia(0);   /* Imagen izquierda */ }
div { filter: sepia(0.5); /* Imagen central */ }
div { filter: sepia(1);   /* Imagen derecha */ }
```

4.3 TRANSICIONES

Una transición es un efecto de animación que permite realizar cambios en las propiedades de un objeto de manera progresiva o escalonada controlando el tiempo y la velocidad. Por ejemplo, frecuentemente vemos que los botones cambian el color de fondo cuando el dispositivo señalador pasa por encima de ellos. Muchas veces este cambio de color se realiza de forma abrupta, es decir, el cambio de un color a otro se realiza en el mismo instante en el que el cursor se sitúa sobre el botón sin ningún tipo de mezcla ni degradación. Sin embargo, si definimos una transición, podemos conseguir que el cambio de color se realice de manera gradual en base a una medición de tiempo y velocidad determinadas.

Cabe destacar que, aunque en general, las transiciones se realizan de manera gradual, dependiendo de qué propiedades intervengan en el proceso, podrían producirse cambios de estado bruscos no graduales.

También es importante aclarar que, aunque todos los navegadores actuales ya soportan la especificación de la W3C, puede que sea necesario la utilización de prefijos específicos como son -O-TRANSITION, -MOZ-TRANSITION y -WEBKIT-TRANSITION.

4.3.1 Propiedad transition-delay

Especifica el retraso de empiece, es decir, el tiempo que se debe esperar para iniciar la transición cuando el elemento sufre un cambio en la propiedad o propiedades indicadas por la propiedad TRANSITION-PROPERTY. Entre sus posibles valores podemos encontrar:

▶ **[TIEMPO]:**

Es un valor decimal que expresa el número de segundos o milisegundos que se debe esperar antes de iniciar la transición. El valor por defecto es 0, lo que indica que empiece inmediatamente sin retraso alguno, pero, además, permite el establecimiento de valores negativos, que representan un valor de tiempo que indica la duración de la transición como si ya hubiese estado reproduciéndose de antes.

Ejemplos:

```
div { transition-delay: 1s; }
div { transition-delay: 1.25s; }
div { transition-delay: 25ms; }
```

4.3.2 Propiedad transition-duration

Especifica la duración de la transición, es decir, el tiempo total que se debe invertir para el cambio en la propiedad o propiedades indicadas por la propiedad TRANSITION-PROPERTY. Entre sus posibles valores podemos encontrar:

> ⊩ **[TIEMPO]**:
>
> Es un valor decimal que expresa el número de segundos o milisegundos que se debe tardar en realizar la transición. Su valor por defecto es 0.

Ejemplos:

```
div { transition-duration: 1s; }
div { transition-duration: 0.75s; }
div { transition-duration: 250ms; }
```

4.3.3 Propiedad transition-property

Especifica la propiedad, o lista de propiedades, que disparará la transición, es decir, el nombre de la propiedad o propiedades que, cuando cambien, provocarán que un efecto de transición se lleve a cabo. Entre sus posibles valores podemos encontrar:

> ⊩ **ALL**:
>
> Indica que cualquier cambio en cualquier propiedad lanzará un efecto de transición.

> ⊩ **NONE**:
>
> Indica que ninguna propiedad lanzará un efecto de transición.

> ⊩ **[PROPIEDAD]**:
>
> Lista de propiedades CSS, separadas por coma, para las cuales el efecto de transición se llevará a cabo.

Ejemplos:

```
div { transition-property: all; }
div { transition-property: transform; }
div { transition-property: width, height, padding; }
```

4.3.4 Propiedad transition-timing-function

Especifica la función de sincronización de tiempo de la transición, es decir, cuál será la curva de velocidad que se deberá seguir durante el tiempo que dure la transición. Entre sus posibles valores podemos encontrar:

▶ **CUBIC-BEZIER**:

Indica los valores decimales de 0.0 a 1.0 para los cuatro puntos de la curva de Bézier. En la siguiente ilustración se puede observar, a modo de ejemplo, una curva de Bézier que muestra cómo cambia la velocidad durante la ejecución de la transición.

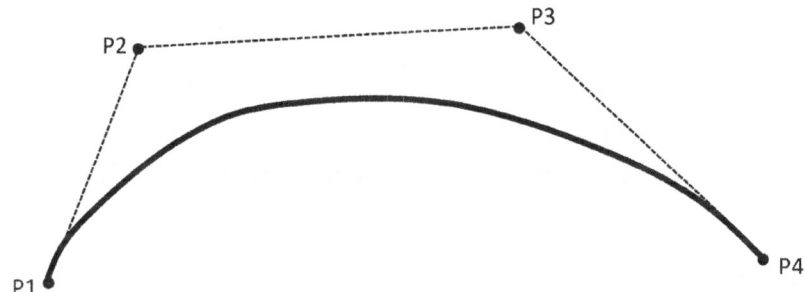

▶ **EASE**:

Indica que el efecto de transición debe empezar lento, luego volverse rápido y, al final, nuevamente lento. Es equivalente a una curva de Bézier cúbica CUBIC-BEZIER (0.25, 0.1, 0.25, 1). Es el valor por defecto.

▶ **EASE-IN**:

Indica que el efecto de transición debe empezar lento, equivalente a una curva de Bézier cúbica CUBIC-BEZIER (0, 0, 1, 1).

▶ **EASE-IN-OUT**:

Indica que el efecto de transición debe empezar y terminar lento, equivalente a una curva de Bézier cúbica CUBIC-BEZIER (0.42, 0, 0.58, 1).

▶ **EASE-OUT**:

Indica que el efecto de transición debe empezar lento, equivalente a una curva de Bézier cúbica CUBIC-BEZIER (0, 0, 1, 1).

▶ **LINEAR**:

Indica que el efecto de transición debe permanecer constante durante el tiempo que dure la transición, equivalente al valor EASE-OUT y a una curva de Bézier cúbica CUBIC-BEZIER (0, 0, 1, 1).

▶ **STEPS**:

Indica una función de pasos con dos parámetros. El primero especifica el número de intervalos mediante un valor positivo distinto de cero y, el segundo, una de las palabras clave START o END que especifican el punto donde se debe producir el cambio de intervalo.

▶ **STEP-END**:

Indica que es un único paso que se produce al final, equivalente a STEPS (1, END).

▶ **STEP-START**:

Indica que es un único paso que se produce en el comienzo, equivalente a STEPS (1, START).

Ejemplos:

```
div { transition-timing-function: linear; }
div { transition-timing-function: ease-in-out; }
div { transition-timing-function: cubic-bezier(0.20, 0.1, 0.50, 1); }
```

4.4 ANIMACIONES

4.4.1 Propiedad animation-delay

Especifica el retraso de empiece, es decir, el tiempo que se debe esperar para iniciar la animación. Entre sus posibles valores podemos encontrar:

▶ **[TIEMPO]**:

Es un valor decimal que expresa el número de segundos o milisegundos que se debe esperar antes de iniciar la animación. El valor por defecto es 0, lo que indica que empiece inmediatamente sin retraso alguno y permite el establecimiento de valores negativos, que representan un valor de tiempo que indica la duración de la animación como si ya hubiese estado reproduciéndose de antes.

Ejemplos:

```
div { animation-delay: 1.50s; }
div { animation-delay: 25ms; }
```

4.4.2 Propiedad animation-direction

Especifica la dirección de la animación, es decir, si debe reproducirse hacia adelante, hacia atrás o en ciclos alternos. Entre sus posibles valores podemos encontrar:

- **ALTERNATE**:

  Indica que la animación debe reproducirse primero hacia adelante y, después, hacia atrás.

- **ALTERNATE-REVERSE**:

  Indica que la animación debe reproducirse primero hacia atrás y, después, hacia adelante.

- **NORMAL**:

  Indica que la animación debe reproducirse hacia adelante. Es el valor por defecto.

- **REVERSE**:

  Indica que la animación debe reproducirse hacia atrás.

Ejemplos:

```
div { animation-direction: reverse; }
div { animation-direction: alternate; }
```

4.4.3 Propiedad animation-duration

Especifica la duración de la animación, es decir, el tiempo total que se debe invertirse en desarrollarla. Entre sus posibles valores podemos encontrar:

- **[TIEMPO]**:

  Es un valor decimal que expresa el número de segundos o milisegundos que se debe tardar en realizar la animación. Su valor por defecto es `0`.

Ejemplos:

```
div { animation-duration: 1s; }
div { animation-duration: 1.25s; }
div { animation-duration: 25ms; }
```

4.4.4 Propiedad animation-fill-mode

Especifica el estilo que debe presentar el elemento cuando la animación no se está reproduciendo, es decir, el estilo antes de empezar, después de terminar o en ambos casos. Entre sus posibles valores podemos encontrar:

▶ **BACKWARDS**:

El elemento aparecerá con los valores establecidos por el primer fotograma definido por una regla arroba KEYFRAMES, dependiendo de la propiedad ANIMATION-DURATION, y se mantendrá durante el periodo que esté establecido por la propiedad ANIMATION-DELAY.

▶ **FORWARDS**:

El elemento aparecerá con los valores establecidos por el último fotograma definido por una regla arroba KEYFRAMES, dependiendo de la propiedad ANIMATION-DURATION y del contador o recuento de iteraciones establecido por la propiedad ANIMATION-DELAY.

▶ **BOTH**:

La animación seguirá las reglas en ambos sentidos de la animación.

▶ **NONE**:

El elemento NO recibirá ningún estilo antes o después de la animación.

Ejemplos:

```
div { animation-fill-mode: both; }
div { animation-fill-mode: forwards; }
div { animation-fill-mode: backwards; }
```

4.4.5 Propiedad animation-iteration-count

Especifica el número de veces que la animación debe reproducirse. Entre sus posibles valores podemos encontrar:

- ▶ **INIFINITE**:

    Indica que la animación NO debe parar nunca de reproducirse.

- ▶ **[NÚMERO]**:

    Es un valor entero que indica el número total de ocasiones que debe reproducirse. Por defecto, está establecido a 1.

Ejemplos:

```
div   { animation-iteration-count: infinite; }
span  { animation-iteration-count: 3; }
aside { animation-iteration-count: 3; }
```

4.4.6 Propiedad animation-name

Especifica el nombre de la animación. Este nombre está directamente asociado al identificador definido por una regla arroba KEYFRAMES. Entre sus posibles valores podemos encontrar:

- ▶ **NONE**:

    Indica que la animación NO se debe desarrollar ninguna animación.

- ▶ **[NOMBRE]**:

    Es un valor de tipo cadena sin comillas simples o dobles que indica el nombre de la animación a utilizar. Debe ser el mismo que uno de los identificadores definidos por una regla arroba KEYFRAMES.

Ejemplos:

```
div   { animation-name: ejemplo1; }
span  { animation-name: FadeIn; }
aside { animation-name: movetotop; }
```

4.4.7 Propiedad animation-play-state

Especifica cuándo la animación debe ejecutarse (o continuar su ejecución) o debe ponerse en modo pausa. Entre sus posibles valores podemos encontrar:

▶ **PAUSED**:

Indica que la animación se ponga en pausa.

▶ **RUNNING**:

Indica que la animación se ejecute o siga ejecutándose.

Ejemplos:

```
div       { animation-play-state: running; }
div:hover { animation-play-state: pause; }
```

4.4.8 Propiedad animation-timing-function

Especifica la función de sincronización de tiempo de la animación, es decir, cuál será la curva de velocidad que se deberá seguir durante el tiempo que dure la animación. Entre sus posibles valores podemos encontrar:

▶ **CUBIC-BEZIER**:

Indica los valores decimales de 0.0 a 1.0 para los cuatro puntos de la curva de Bézier. En la siguiente ilustración se puede observar, a modo de ejemplo, una curva de Bézier que muestra cómo cambia la velocidad durante la ejecución de la animación.

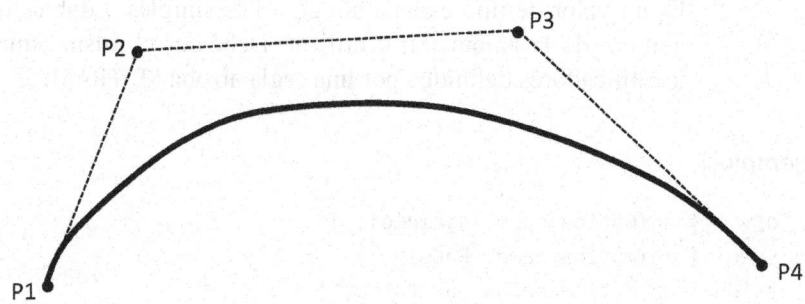

▶ **EASE**:

Indica que el efecto de animación debe empezar lento, luego volverse rápido y, al final, nuevamente lento. Es equivalente a una curva de Bézier cúbica CUBIC-BEZIER (0.25, 0.1, 0.25, 1). Es el valor por defecto.

▶ **EASE-IN**:

Indica que el efecto de animación debe empezar lento, equivalente a una curva de Bézier cúbica CUBIC-BEZIER (0, 0, 1, 1).

▶ **EASE-IN-OUT**:

Indica que el efecto de animación debe empezar y terminar lento, equivalente a una curva de Bézier cúbica CUBIC-BEZIER (0.42, 0, 0.58, 1).

▶ **EASE-OUT**:

Indica que el efecto de animación debe empezar lento, equivalente a una curva de Bézier cúbica CUBIC-BEZIER (0, 0, 1, 1).

▶ **LINEAR**:

Indica que el efecto de animación debe permanecer constante durante el tiempo que dure la animación, equivalente al valor EASE-OUT y a una curva de Bézier cúbica CUBIC-BEZIER (0, 0, 1, 1).

▶ **STEPS**:

Indica una función de pasos con dos parámetros. El primero especifica el número de intervalos mediante un valor positivo distinto de cero y, el segundo, una de las palabras clave START o END que especifican el punto donde se debe producir el cambio de intervalo.

▶ **STEP-END**:

Indica que es un único paso que se produce al final, equivalente a STEPS (1, END).

▶ **STEP-START**:

Indica que es un único paso que se produce en el comienzo, equivalente a STEPS (1, START).

Ejemplos:

```
div { animation-timing-function: linear; }
div { animation-timing-function: ease-in-out; }
div { animation-timing-function: cubic-bezier(0.20, 0.1, 0.50, 1); }
```

4.4.9 Regla keyframes

La regla @KEYFRAMES permite controlar todos y cada uno de los pasos que se producen en una secuencia de animación. Esto es útil cuando se desea que, el navegador, no controle la animación, como sucede con las transiciones en donde se gestiona la evolución de la animación de forma automática a partir de unos parámetros iniciales.

La manera de especificar el número de pasos o partes de la animación se puede establecer a través de porcentajes o, mediante las palabras reservadas FROM y TO.

```
@keyframes desplazamiento-lento-rapido {
    from { top: 0; }
    to   { top: 100px; }
}
```

Si se decide por realizar la declaración de la animación a través de porcentajes, es obligatorio que se definan los estados inicial y final, es decir, los valores 0% y 100% puesto que, de no ser así, la animación podría no realizarse. A continuación, se muestra un ejemplo de animación con tres pasos:

```
@keyframes desplazamiento-lento-rapido {
     0% { top: 0; }
    50% { top: 30px; }
   100% { top: 100px; }
}
```

Si analizamos el ejemplo anterior, veremos que, sea cual sea la velocidad y duración de la animación, durante la primera mitad de la secuencia, el objeto se moverá hacia abajo 30 píxeles, pero en la segunda mitad de la animación se desplazará 70. Esto producirá un efecto de, más lento al principio, más rápido al final.

En este punto, es importante aclarar que, únicamente las propiedades que sean definidas en el inicio y fin de la secuencia serán animadas, por lo que, si introducimos una propiedad entre medias, será ignorada. Este caso es el que se da en el siguiente ejemplo:

```
@keyframes desplazamiento-lento-rapido {
     0% { top: 0; }
    50% { right: 50px; }
   100% { top: 100px; }
}
```

Aunque se haya definido la propiedad RIGHT en el paso intermedio, la animación sólo desplazará el objeto desde la posición 0 hasta la posición 100.

4.4.10 Ejemplos resueltos

4.4.10.1 EJEMPLO COMPLETO DE TRANSICIÓN

Este ejemplo consiste en aumentar el tamaño de un elemento al situar el puntero del ratón encima.

```
<!DOCTYPE html>
<html>
    <head>
        <style>
            .box { width: 100px; height: 100px; background: #000000;
                transition: width 2s ease-in-out;
            }
            .box:hover { width: 200px; height: 100px; }
        </style>
    </head>
    <body>
        <h1>The transition Property</h1>
        <p>Posiciona el ratón encima del cuadro negro</p>
        <i class="box"></i>
    </body>
</html>
```

4.4.10.2 EJEMPLO COMPLETO DE ANIMACIÓN

Este ejemplo se basa en simular la escritura en una máquina de escribir.

```
<!DOCTYPE html>
<html>
    <head>
        <style>
            .typewriter h1 {
                color: #fff;
                font-family: arial;
                font-size: 1.4rem;
                overflow: hidden;
                border-right: .15em solid #333;
```

```
            white-space: nowrap;
            margin: 0 auto;
            letter-spacing: .2em;
            width: auto;
            display: inline-block;
            animation: typing 3.5s steps(30, end),
                       blink-caret .5s step-end infinite;
        }

        @keyframes typing { from { width: 0 } to { width: 100% } }
        @keyframes blink-caret {
            from, to { border-color: transparent }
            50%      { border-color: #333 }
        }
        </style>
    </head>
    <body>
        <div class="typewriter">
            <h1>Esto es un ejemplo de animación typewriter</h1>
        </div>
    </body>
</html>
```

4.4.10.3 EJEMPLO COMPLETO DE EFECTO Y ANIMACIÓN

Este ejemplo consiste en simular un panel de información de Renfe cercanías en donde se indica la próxima parada.

```
<!DOCTYPE html>
<html>
    <head>
        <style>
        @import url(https://fonts.googleapis.com/css?family=VT323);

        *  { box-sizing: border-box; }
        body{ background: #000; color: #fff;
                font-family: 'VT323'; font-size: 24px;
                line-height: 1.2; -webkit-font-smoothing: none; }
        h1 { font-size: 4rem; margin: 0; text-transform: uppercase; }
        h1 span{ float: right; }
        p      { margin-bottom: 0; color : #ff2022; font-size: 64px;
                float: right; text-transform: uppercase; width: auto;
```

```
                    position: relative; left: 100%;
                    animation: move 20s steps(2000, end) infinite;
                    white-space: nowrap; }
a, a:visited { border-bottom: 0.2rem solid #ffec80;
                    color: #ffec80;
                    text-decoration: none; }
a:active, a:focus, a:hover{
        background-color: #ffec80;
        color: #333; }


.piece { display: block; height: 100%; overflow: hidden;
                left: 0; top: 0; width: 100%; }
.noclick { pointer-events: none; }
.frame    { background-color: #181818; border-radius: 10px;
                padding: 15px; height: auto; position: absolute;
                top: 2%; left: 2%; width: 96%;
                pointer-events: none; }
.emblem1 { display: none; position: absolute; left: 50%;
                bottom: 0; font-size: 2rem; height: 3rem;
                width: 3rem; text-align: center; color: white;
                background: -webkit-linear-gradient(#fff, #555);
                -webkit-background-clip: text;
                -webkit-text-fill-color: transparent;
                text-shadow: 0 0.1rem 0rem rgba(0,0,0,0.4),
                            0 0 2rem rgba(0,0,0,0.8);
                transform: translate(-50%); }
.output1 { animation: output 10ms infinite;
                background-color: #333;
                overflow: scroll; position: absolute;
                padding: 3rem 2rem; pointer-events: auto;
                text-shadow: 0rem 0.2rem 1rem
                                lighten(var(custom-bg), 20%);
                z-index: -1; }


.scanlines { background: linear-gradient(to bottom,
                rgba(255,255,255,0), rgba(255,255,255,0) 50%,
                rgba(0,0,0,0.2) 70%, rgba(0,0,0,0.6));
                background-size: 100% 0.3rem; border-radius: 2rem;
                position: absolute; }


.glow1 { animation: glow 60s infinite;
```

```
            background: radial-gradient(circle at center,
                        rgba(27,212,89,1) 0%,
                        rgba(27,212,89,0.88) 58%,
                        rgba(21,235,92,0.57) 80%,
                        rgba(19,94,29,0.27) 93%,
                        rgba(10,23,12,0) 100%);
            opacity: 0.15; pointer-events: none;
            position: fixed; }

        @keyframes move    { from { left: 200vw } to { left: -100vw } }
        @keyframes output {    0% { opacity: 0.9; } 
                              50% { opacity: 1; } }
        @keyframes glow    {    0% { opacity: 0.1; }
                              50% { opacity: 0.2; } }


    </style>
  </head>
  <body class="noisy">
    <div class="frame">
      <div class="piece output">
        <h1>Madrid N.Min <span>1min</span></h1>
        <p>Próximo tren efectuará parada en Chamartín, Ramón y
Cajal, Pitis y las Rozas</p>
        <div class="piece scanlines noclick"></div>
        <div class="piece glow noclick"></div>
      </div>
    </div>
  </body>
</html>
```

4.5 EFECTOS CON TEXTOS

4.5.1 Efectos estéticos y con movimiento

Aunque antiguamente las animaciones se creaban únicamente en JavaScript, la realidad es que hoy se evitan siempre que sea posible debido, fundamentalmente, a su alto coste en el rendimiento.

Hoy en día, prácticamente todos los efectos y animaciones se realizan a través de CSS y SVG. Eso sí, en algunas ocasiones, la ayuda de un lenguaje de guion como JavaScript, puede convertirse en un buen aliado.

4.5.2 Creación de textos mejorados y con movimiento

Para poder crear textos mejorados primero debemos hablar de la propiedad de CSS TEXT-SHADOW.

4.5.2.1 LA PROPIEDAD TEXT-SHADOW

La propiedad text-shadow permite definir sombras a cualquier contenido textual. Para poder definir una sombra mediante esta propiedad, se debe establecer un offset compuesto por tres valores, que se corresponden con una posición horizontal, una posición vertical y un radio de difuminación o desenfoque y un color.

Si el valor de la posición horizontal es positivo, la sombra avanzará en sentido hacia la derecha, por lo que, si es negativo, avanzará en sentido hacia la izquierda. Algo similar pasa con el segundo parámetro. Si el valor de la posición vertical es positivo, la sombra avanzará en sentido hacia abajo, por lo que, si es negativo, avanzará en sentido hacia arriba.

Cabe destacar que, salvo excepciones, la propiedad text-shadow no se debe utilizar porque, además de dificultar su lectura y disminuir la legibilidad, puede proporcionar una imagen corporativa "desaliñada".

Para ver mejor su funcionalidad y posibles resultados, veamos un ejemplo. Supongamos un elemento de cabecera H2 con el texto Cabecera H2.

```
<h2>Cabecera H2</h2>
```

Un posible efecto de sombra podría ser:

```
h2 {
    display: block;
    text-align: center;
    color: #000 !important;
    text-shadow: 0px 20px #d6d6d6;
}
```

Y el resultado debería ser algo como:

CABECERA H2

Aunque este efecto puede resultar llamativo, si ahora quisiéramos darle un efecto de inclinación para que parezca un reflejo, con text-shadow, no podemos hacer nada. Para ello, deberíamos utilizar el pseudo selector BEFORE o AFTER y "jugar" con los diferentes posicionamientos, además de agregarle un efecto de transformación. En concreto, podríamos hacer algo como lo siguiente:

```
h2 {
    display: block;
    text-align: center;
    color: #000 !important;
    position: relative;
}
h2::after {
    content: "Cabecera H2";
    position: absolute;
    left: 2px;
    top: 20px;
    width: 100%;
    height: 100%;
    transform: skew(15deg);
    color: #dfe1e4;
}
```

Y el resultado debería ser algo como:

CABECERA H2

Si ahora deseamos que se mueva la sombra, lo que se puede hacer es aplicar un efecto de animación a los estilos del selector H2 que acabamos de definir, para el primer caso y, al pseudo elemento BEFORE, para el segundo.

```
@keyframes move {
    0%   { transform: skew(-15deg);}
    50%  { transform: skew(15deg);}
    100% { transform: skew(-15deg);
}

/* Para el caso con text-shadow */
h2 {
    display: block;
    text-align: center;
    color: #000 !important;
    position: relative;
    animation-name: move;
    animation-timing-function: cubic-bezier(0.4, 0, 1, 0.8);
    animation-iteration-count: infinite;
    animation-duration: 3s;}
}

/* Para el caso con el pseudo elemento after */
h2::after {
    content: "Cabecera H2";
    position: absolute;
    left: 2px;
    top: 20px;
    width: 100%;
    height: 100%;
    transform: skew(15deg);
    color: #dfe1e4;
    animation-name: move;
    animation-timing-function: cubic-bezier(0.4, 0, 1, 0.8);
    animation-iteration-count: infinite;
    animation-duration: 3s;}
}
```

A continuación mostramos el código para realizar algunos efectos comunes en Internet a través de text-shadow.

4.5.2.1.1 Sombra sólida

Para conseguir este efecto se deben definir múltiples sombras con diferentes tonos idénticos, pero aumentando en cada sombra las posiciones horizontal y vertical.

```
h2.solida{
    text-shadow: -1px 1px #333, -2px 2px #333,
                 -3px 3px #333, -4px 4px #333, -5px 5px #333;
    color: #060;
}
```

El resultado debería ser algo como:

CABECERA H2

4.5.2.1.2 Efecto de fuego

Para conseguir este efecto se deben definir múltiples sombras con diferentes tonos anaranjados, amarillos y rojos claros. Dependiendo del radio y el color de fondo, el efecto podrá ser más o menos fidedigno.

```
h2.fuego{
    text-shadow: 0 3px 20px red, 0 0 20px red,
                 0 0 10px orange, 4px -5px 6px yellow,
                 -4px -10px 10px yellow, 0 -10px 30px yellow
    color: #666;
}
```

El resultado debería ser algo como:

4.5.2.1.3 Texto grabado

Para conseguir este efecto hace falta que la sombra del texto no destaque mucho sobre el fondo. En este ejemplo usaremos un fondo oscuro y un par de sombras con una tonalidad más oscura que el fondo.

```
h2.grabado {
    background-color: #414141;
    color: #ddd;
    padding: 10px;
    text-shadow: 1px 1px #555, -1px -1px #333;
}
```

El resultado debería ser algo como:

4.5.2.1.4 Texto en relieve

Al igual que para el ejemplo de efecto grabado o hundido, para conseguir este efecto hace falta que la sombra del texto no destaque mucho sobre el fondo. Las sombras serán las mismas que antes, sin embargo, lo que cambiará es la dirección de la luz.

```
h2.relieve {
    background-color: #414141;
    color: #ddd;
    padding: 10px;
    text-shadow: -1px -1px #555, 1px 1px #333;
}
```

El resultado debería ser algo como:

4.5.2.1.5 Efecto rayado

Para conseguir este efecto hace falta definir múltiples sombras con una tonalidad lo suficientemente destacable. El secreto es ir incrementando el offset en cada una de las sombras de modo que, cada vez que se define una nueva, se aumente su posición horizontal y vertical.

```
h2.multiple{
  text-shadow: 1px 1px #ccc, 2px 2px #aaa, 3px 3px #888, 4px 4px #666
}
```

El resultado debería ser algo como:

CABECERA H2

4.5.2.1.6 Efecto neón

Para conseguir este efecto lo único que hace falta es jugar con el offset del radio y utilizar colores blancos y brillantes como los de un neón o led. En general, podríamos decir que, cuantas más sombras se definan, más real parecerá.

```
h2.neon{
    background: #000;
    color: #fff;
    font-family: "Open Sans";
    font-size: 48px;
    height: 180px;
    padding-top: 55px;
    font-weight: 900;
    text-shadow: 0 0 7px #fff,
                 0 0 10px #fff,
                 0 0 20px #fff,
                 0 0 40px #ff2dff,
                 0 0 60px #ff2dff,
                 0 0 80px #ff2dff,
                 0 0 120px #ff2dff,
                 0 0 150px #ff2dff;
}
```

El resultado debería ser algo como:

Si ahora quisiéramos proporcionarle una animación a este último ejemplo, podríamos dotar al testo de un parpadeo. Este efecto generalmente requiere de una animación CSS infinita que se basa en desactivar las sombras que se han definido en puntos concretos no equidistantes. De esta forma parecerá un efecto de iluminación típico de una marquesina o anuncio publicitario.

```css
h2.neon{
    animation: parpadeo 5s infinite alternate;
    background: #000;
    color: #fff;
    font-family: "Open Sans";
    font-size: 48px;
    height: 180px;
    padding-top: 55px;
    font-weight: 900;
}
@keyframes parpadeo {
    0%, 20%, 26%, 28%, 55%, 70%, 100% {
        text-shadow: 0 0 7px #fff, 0 0 10px #fff,
                     0 0 20px #fff, 0 0 40px #ff2dff,
                     0 0 60px #ff2dff, 0 0 80px #ff2dff,
                     0 0 120px #ff2dff, 0 0 150px #ff2dff;
    } 25%, 27%, 54.5% {
        text-shadow: none;
    }
}
```

4.5.3 Adecuación de los efectos a la página web

Aunque prácticamente todos los efectos de animación se pueden definir o crear a través de CSS, en ocasiones, necesitamos valernos de un lenguaje de guion como JavaScript.

Esta necesidad surge de la necesidad de ejecutar transiciones o animaciones cuando no dependen del foco, del puntero del dispositivo señalizador y/o del elemento que lanza o activa el efecto. Por ejemplo, este es el caso de los menús Off-Canvas, en donde un elemento externo, como un botón de hamburguesa, dispara o hace que aparezca una capa desde fuera de la pantalla por la izquierda.

Para verlo más claro imaginemos que tenemos un botón situado en la parte superior izquierda de la pantalla que deseamos que muestre un menú de navegación deslizante que aparezca y desaparezca en función de si se ha pulsado o no dicho botón.

El botón podría ser:

```html
<button class="toggle-collapse">Mostrar / Ocultar Menú</button>
```

Y el menú de navegación podría ser algo como:

```html
<nav class="offcanvas">
    <h3>Menú Principal</h3>
    <ul>
        <li><a href="#">Inicio</a></li>
        <li><a href="#">Servicios</a></li>
        <li><a href="#">Contactar</a></li>
    </ul>
</nav>
```

Para que este menú no esté visible, lo que necesitamos es definir una clase CSS que lo oculte en la zona de la izquierda, fuera de la zona de visualización o ventana.

```css
<style>
    nav.offcanvas{
        position: fixed;
        top: 0;
        left: -300px;
        width: 300px;
        height: 100%;
        transition: left 0.4s ease;
```

```
        z-index: 99;
    }
</style>
```

Y para que este se vuelva visible, lo que necesitamos es definir una clase CSS que lo traslade a una parte visible de la pantalla, en nuestro caso, la posición cero de la coordenada X referenciada por la propiedad LEFT.

```
<style>
    nav.offcanvas.active{
        left: 0;
    }
</style>
```

Pero, ¿cómo hacemos para que se muestre u oculte? Sencillo, para ello utilizaremos un método de JavaScript que añadirá o eliminará la clase ACTIVE en el botón y elemento de navegación que se desea tratar.

```
<script type="text/javascript">
    document.querySelector(".toggle-collapse").onclick = function(e){
        e.target.classList.toggle("active");
        document.querySelector("nav.offcanvas").classList.
toggle("active")
    }
</script>
```

Si observamos la función, tanto al elemento de navegación NAV, como al elemento disparador BUTTON, se les añade o elimina la clase ACTIVE. La razón de añadírselo a los dos elementos es por si, más adelante, queremos realizar un tratamiento especial cuando presentan esa clase.

De hecho, lo más utilizable es que el botón cambiase el texto en función de si está activo o no. Es decir, si no está activado, que contuviese el texto "Mostrar Menú" y, si está activo, que contuviese el texto "Ocultar Menú". Para ello, sólo deberíamos añadir al final de nuestra función la siguiente condición:

```
if(e.target.classList.contains("active")){
    e.target.innerHTML = "Ocultar Menú"
} else {
    e.target.innerHTML = "Mostrar Menú"
}
```

4.6 CREACIÓN DE MAPAS

Para crear y acceder a mapas web, es decir, imágenes con áreas interactivas definidas mediante coordenadas en una página web, se pueden seguir los siguientes pasos:

4.6.1 Identificar la ubicación del archivo

Lo primero que haremos es averiguar donde está ubicado el archivo de mapa de imagen. Si ya está dentro del código de una página web, se puede encontrar esta información revisando el código fuente de la página web o consultando con el desarrollador web responsable del sitio.

4.6.2 Incrustación de etiqueta IMG

A continuación, usaremos la etiqueta <img> para incrustar la imagen en la página web. Asegúrate de que la ruta de la imagen esté correctamente especificada en el atributo src. Esto es:

```
<img src="ruta/a/imagen.jpg" alt="Descripción de la imagen">
```

4.6.3 Agregado del atributo usemap

Para asociar la imagen con el archivo de mapa de imagen, deberemos agregar el atributo usemap a la etiqueta <img> y establecer su valor en el nombre del archivo de mapa de imagen sin la extensión ".map". Esto es:

```
<img src="ruta/a/imagen.jpg"
     alt="Descripción de la imagen"
     usemap="#nombreMapa">
```

4.6.4 Crear el archivo de mapa de imagen

Una vez hecho todo lo anterior, el archivo de mapa de imagen debe tener la misma ruta y el mismo nombre que la imagen, pero con la extensión ".map". Es decir, que la imagen la hemos denominado imagen.jpg, el archivo de mapa de imagen debería denominarse imagen.map.

4.6.5 Definir las áreas interactivas

Ahora, lo que haremos es abrir el archivo de mapa de imagen en un editor de texto y definir las áreas interactivas utilizando las etiquetas <map> y <area>. Cada área debe tener atributos que especifiquen la forma (rectangular, circular o poligonal) y las coordenadas que definen el área interactiva en relación con la imagen.

```
<map name="nombreMapa">
    <area shape="rect"
          coords="x1,y1,x2,y2"
          href="enlace.html"
          alt="Descripción del área">
    <!-- Otras áreas interactivas -->
</map>
```

4.6.6 Guardar y subir el archivo

Una vez hechos todos los cambios, deberemos guardar los cambios en el archivo de mapa de imagen y subirlo al servidor web, asegurándonos de que esté en la misma ubicación que la imagen.

Con ello, y habiendo seguido estos pasos, la imagen con áreas interactivas debería mostrarse correctamente en la página web y ser utilizable para los usuarios.

4.7 COMO ARRASTRAR Y COLOCAR IMÁGENES

Para crear la funcionalidad de arrastrar y soltar imágenes en HTML, necesitaremos combinar fragmentos de HTML, CSS y JavaScript. A continuación, se muestra un posible ejemplo:

4.7.1 Crear el marcado HTML

```
<div id="contenedor" class="contenedor">
   <div id="arrastre" class="arrastre">
      Arrastra y suelta la imagen aquí
   </div>
   <input type="file" id="seleccionador" accept="image/*">
</div>
```

4.7.2 Estilizar con CSS

```css
.contenedor {
  width: 300px;
  height: 300px;
  border: 2px dashed #ccc;
  text-align: center;
  padding: 20px;
}

.arrastre {
  font-size: 16px;
  color: #999;
}

.arrastre:hover {
  cursor: pointer;
  color: #666;
}
```

4.7.3 Agregar el script de JavaScript

```javascript
const contenedor = document.getElementById('contenedor');
const arrastre = document.getElementById('arrastre');
const seleccionador = document.getElementById('seleccionador');

arrastre.addEventListener('dragover', (e) => {
    e.preventDefault();
});

arrastre.addEventListener('drop', (e) => {
    e.preventDefault();
    const archivo = e.dataTransfer.files[0];
    mostrarImagen(archivo);
});

seleccionador.addEventListener('change', (e) => {
        const archivo = e.target.files[0];
        mostrarImagen(archivo);
});
```

```
function mostrarImagen(archivo) {
    const lector = new FileReader();
    lector.onload = function(e) {
        const imagen = new Image();
        imagen.src = e.target.result;
        contenedor.innerHTML = '';
        contenedor.appendChild(imagen);
    }
    lector.readAsDataURL(archivo);
}
```

Con estos "sencillos" pasos, podremos crear un contenedor en el que poder arrastrar y soltar imágenes. No obstante, también podremos seleccionar imágenes a través del input de tipo file que se declara en el HTML. Luego, la imagen seleccionada se mostrará en el contenedor.

5

OPTIMIZACIÓN Y LIMITACIONES DEL DISEÑO

5.1 REPARTICIÓN DE ESPACIOS DENTRO DE UNA PÁGINA

La distribución o repartición de espacios dentro de una página web es esencial para crear un diseño equilibrado y fácil de usar. A continuación, se muestran algunas técnicas comunes para distribuir el espacio de manera efectiva:

5.1.1 Diseño basado en tablas

Las tablas son una forma de distribuir los espacios muy poco flexible y accesible, por lo que no suele ser recomendable a no ser que sea una necesidad o se corresponda con una tabla de datos común de toda la vida.

5.1.1.1 ELEMENTOS HTML DISPONIBLES

5.1.1.1.1 Elemento caption

El elemento CAPTION especifica que el contenido que se va a representar es el título de una tabla. Sólo puede definirse un elemento CAPTION por tabla y es importante que el elemento CAPTION sea el primer hijo directo del elemento TABLE.

5.1.1.1.2 Elemento table

El elemento TABLE especifica que el contenido que se va a representar es una estructura de datos tabulados en forma de filas y columnas, es decir, una tabla.

Entre los atributos que admite en su configuración, se deben destacar **BORDER**, **CELLPADDING**, **CELLSPACING** y **WIDTH**, pero todos ellos es mejor declararlos a través de sus homólogos de CSS.

Las tablas es uno de los elementos de HTML menos accesibles que, a menudo, encontramos en las páginas. Primero porque los desarrolladores no conocen todas las posibilidades de configuración y, segundo, porque si no se ve toda ella en su conjunto puede ser algo muy difícil de entender o contextualizar. Como ejemplo extremo, piénsese que, si un usuario sólo puede ver un dato en una tabla que, además, no presenta una cabecera por la circunstancia que sea, puede no saber a qué se refiere dicho dato.

Por tanto, si se han de utilizar, se deben especificar las dimensiones en términos de porcentaje y establecer todas sus propiedades para que no se pierda semántica y/o accesibilidad.

La declaración de los elementos de cabecera y pie de tabla (THEAD y TFOOT) deben establecerse antes que el elemento del contenido de la tabla TBODY para que el agente de usuario pueda renderizar la información de contexto antes de recibir el detalle con todas las filas de datos, que pueden ser muchas.

Cabe destacar que, los atributos ID, HEADERS y SCOPE, no tienen ningún efecto visual, sin embargo, junto con el elemento CAPTION, son muy útiles para las tecnologías asistivas como los lectores de pantalla puesto que aclaran y fortalecen su significado.

5.1.1.1.3 Elemento colgroup

El elemento COLGROUP especifica que el contenido que se va a representar es un grupo de una o más columnas de una tabla. Suele ser útil para aplicar estilos de forma agrupada en vez de tener que repetirlos de uno en uno.

Es importante que el elemento COLGROUP sea hijo directo del elemento TABLE, que esté declarado justo después del elemento CAPTION y justo antes de los elementos THEAD, TBODY o TFOOT porque, de no ser así, puede afectar a la usabilidad web y a la accesibilidad web.

Para especificar o definir las propiedades de cada columna dentro de cada elemento COLGROUP se debe utilizar el elemento COL. Este elemento sólo permite el atributo SPAN para definir el número de columnas que debe abarcar.

```
<colgroup>
    <col style="background: whitesmoke;"></col>
    <col span="2" style="background: lavender;"></col>
</colgroup>
```

5.1.1.1.4 Elementos thead y tfoot

El elemento THEAD especifica que el contenido que se va a representar es el encabezado de una tabla. El elemento TFOOT es idéntico al elemento THEAD, con la diferencia de que el contenido que se va a representar es el pie de página de una tabla.

Cabe destacar que los elementos THEAD y TFOOT deben declararse justo después del elemento CAPTION y COLGROUP y justo antes del elemento TBODY. También es importante constatar que el elemento THEAD no se debe omitir puesto que su omisión puede perjudicar de forma notable a la usabilidad web y a la accesibilidad web de la página.

5.1.1.1.5 Elemento tbody

El elemento TBODY especifica que el contenido que se va a representar es el cuerpo de una tabla.

Cabe destacar que elemento TBODY debe declararse justo después de los elementos THEAD y TFOOT. Además, no se debe omitir puesto que su omisión puede perjudicar de forma notable a la usabilidad web y a la accesibilidad web de la página.

5.1.1.1.6 Elemento tr

El elemento TR especifica que el contenido que se va a representar es una fila perteneciente a un encabezado, cuerpo o pie de página de una tabla.

5.1.1.1.7 Elemento th

El elemento TH especifica que el contenido que se va a representar es una celda de encabezado.

Entre los atributos que admite en su configuración, se deben destacar **COLSPAN**, que especifica el número de columnas que se deben unificar, **ROWSPAN**, que especifica el número de filas que se deben unificar, **ID**, que especifica el identificador de la columna y que es necesario para utilizarlo con el atributo HEADERS del elemento TD, **HEADERS**, que especifica la lista de identificadores únicos (separados por espacios en blanco) que se corresponden con los atributos ID pertenecientes a los elementos TH y **SCOPE**, que especifica un único valor que vincula la información entre las celdas de la cabecera y las celdas de datos para indicar si una celda de encabezado es un encabezado para una columna, una fila o un grupo de columnas o un grupo de filas.

5.1.1.1.8 Elemento td

El elemento TD especifica que el contenido que se va a representar es una celda de datos.

Entre los atributos que admite en su configuración, se deben destacar **COLSPAN**, que especifica el número de columnas que se deben unificar, **ROWSPAN**, que especifica el número de filas que se deben unificar y **HEADERS**, que especifica la lista de identificadores únicos (separados por espacios en blanco) que se corresponden con los atributos ID pertenecientes a los elementos TH.

5.1.1.2 ELEMENTOS DISPONIBLES EN CSS

A continuación, se muestran las propiedades de CSS que están expresamente dedicadas a tablas.

5.1.1.2.1 Propiedades border-collapse

Especifica si se deben fusionar o separar los bordes del elemento. Entre sus posibles valores podemos encontrar **COLLAPSE**, que indica que los bordes deben fusionarse cuando sea posible y no es efectivo cuando se encuentra en conjunción con las propiedades EMPTY-CELLS y BORDER-SPACING y, **SEPARATE**, que es el valor por defecto e indica que los bordes deben mostrarse separados e independientes para cada celda o elemento.

NOTA

La propiedad BORDER-COLLAPSE sólo es válida para los elementos TABLE, TH y TD.

5.1.1.2.2 Propiedad border-spacing

Especifica la distancia entre los bordes de las celdas adyacentes, siempre y cuando la propiedad BORDER-COLLAPSE esté establecida a SEPARATE. Sus posibles se deben asignar a través de un valor establecido en una de las medidas permitidas de CSS.

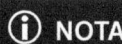 **NOTA**

La propiedad BORDER-COLLAPSE sólo es válida para los elementos TABLE, TH y TD.

5.1.1.2.3 Propiedad caption-side

Especifica la posición del título de una tabla. Entre sus posibles valores podemos encontrar **BOTTOM**, que indica que el título debe estar debajo de la tabla y **TOP**, que indica que el título debe estar encima de la tabla. Es el valor por defecto.

5.1.1.2.4 Propiedad empty-cells

Especifica si se deben mostrar o no los bordes de las celdas vacías. Entre sus posibles valores podemos encontrar **HIDE**, que indica que NO se deben mostrar y **SHOW**, que es el valor por defecto e indica que se deben mostrar.

5.1.1.2.5 Propiedad table-layout

Especifica el modo en el que se tienen que diseñar celdas, filas y columnas de la tabla. Entre sus posibles valores podemos encontrar **AUTO**, que indica que el ancho de la columna debe establecerse sin romper el texto o contenido de las celdas y **FIXED**, que indica que el ancho de la tabla será gestionado por el usuario y que, las columnas, deberán ser gestionadas por el ancho de las celdas de la primera fila. Si no se estableciesen anchos en la primera fila, los anchos de las columnas se dividirán por partes iguales, independientemente de su contenido.

5.1.1.3 CREACIÓN DE TABLAS RESPONSIVE

Las tablas son, quizás, el componente menos flexible que ofrece HTML. Sin embargo, gracias a CSS y JavaScript es posible hacer que esta característica se vuelva algo menos rígida. Por ejemplo, supongamos una tabla de datos como la siguiente:

EJEMPLO DE TABLA ADAPTATIVA						
ID	Empresa	F. Movimiento	Tipo	Concepto	Importe	Estado
1	Consultores SA	30-12-2019	Ingreso	Nómina	+1268.00 €	Efectuado
2	Carrefour	01-01-2020	Recibo	Supermercado	-128.56 €	Efectuado
3	El Corte Inglés	03-01-2020	Recibo	Chaqueta hombre L-XL	-99.99 €	Pendiente
4	El Corte Inglés	03-01-2020	Recibo	Pantalón hombre M-L	-48.50 €	Pendiente

Si probásemos esta tabla en un dispositivo móvil, lo más probable es que viésemos una barra de desplazamiento horizontal y, dependiendo de la resolución del dispositivo, de los tamaños de fuente y de los estilos agregados, puede que hasta prácticamente nada de información útil.

Para solucionar este supuesto, a continuación, se muestran algunas de las técnicas para hacer que las tablas de HTML puedan verse en cualquier dispositivo sin perder legibilidad e independientemente de sus dimensiones o densidad.

5.1.1.3.1 Mediante barras de desplazamiento

Esta técnica consiste en definir normalmente la tabla y aplicarle unas consultas de medios cuando se produce una condición determinada, como pueda ser el ancho del dispositivo.

Es la técnica más sencilla de todas, pero no la que mejor se adapta a las condiciones del dispositivo ya que, si los datos son muy largos, puede no verse casi nada de información.

La técnica consiste en ajustar el tamaño de la tabla al 100% del ancho del dispositivo, cambiar el modo de representación de la tabla a BLOCK, en vez de TABLE, y habilitar el desplazamiento horizontal en la misma.

....

Código CSS

```
@media screen and (max-width: 620px) {
    table { display: block; overflow-x: auto; width: 100%; }
}
```

Posible resultado:

EJEMPLO DE TABLA ADAPTATIVA							
ID	Empresa	F. Movimiento	Tipo	Concepto	Importe	Estad⟨
1	Consultores SA	30-12-2019	Ingreso	Nómina	+1268.00 €	Efectᵤ
2	Carrefour	01-01-2020	Recibo	Supermercado	-128.56 €	Efectᵤ
3	El Corte Inglés	03-01-2020	Recibo	Chaqueta hombre L-XL	-99.99 €	Pendi⟨
4	El Corte Inglés	03-01-2020	Recibo	Pantalón hombre M-L	-48.50 €	Pendi⟨

5.1.1.3.2 Mediante consultas de medios

Al igual que sucede con la técnica de la barra de desplazamiento horizontal, esta técnica consiste en definir normalmente la tabla y aplicarle unas consultas de medios cuando se produce una condición determinada, como pueda ser el ancho del dispositivo.

Aunque esta técnica resulta ser algo más tediosa y laboriosa, es la que mejor que se adapta a las condiciones del dispositivo si no se desea recurrir a JavaScript. Por ello, es una de las más utilizadas en situaciones reales.

La técnica consiste en ajustar el tamaño de la tabla al 100% del ancho del dispositivo, ocultar los campos de cabecera, cambiar el modo de representación de las celdas y, agregar unos atributos personalizados con los nombres de las columnas para utilizarlos como identificadores de campo.

Estos identificadores de campo serán mostrados a través de pseudo-elemento BEFORE en la parte izquierda de cada celda cuando las condiciones de la consulta de medios se cumplan y, para que los valores de estos campos no pierdan legibilidad, el valor de las celdas se alineará a la derecha, todo ello, además, con la intención de aprovechar, al máximo, el espacio disponible.

Código CSS

```css
html,
body { margin: 0; padding: 0; font-family: 'Roboto', sans-serif;
       display: block; font-size: 14px;
}


table          { border: 1px solid rgba(0,0,0,0.2); border-spacing: 2px;
                 margin: 10px 0; }


table caption { background: #000000; color: #fff; font-size: 1.0rem;
                 font-weight: bold; line-height: 1.5; padding: 0;
                 text-transform: uppercase; }


table td,
table th       { border: 1px solid rgba(0,0,0,0.2); border-spacing: 0;
                 font-size: 1rem; padding: 5px; text-align: left;
                 margin: 2px 0; white-space: nowrap; }


table thead th:nth-child(6),
table tbody td:nth-child(6){ text-align: right; }

@media screen and (max-width: 620px) {
    table { width: 100%; }

    thead { display: none; }

    tr td:first-child { background: #f0f0f0; font-weight: bold; }

    tbody td { display: block; text-align: right; }

    tbody td:before { content: attr(data-field); display: block;
                      float: left; font-weight: bold; padding: 0 10px 0 0;
                      text-align: left; width: auto; }
}
```

Cabe destacar que este código CSS se alimenta de un atributo personalizado DATA-FIELD que debe estar definido en cada elemento TD de la tabla y que debe ser idéntico al texto contenido dentro del elemento TH.

En lo referente a este último código de CSS, y al igual que pasaba con la técnica anterior, el cambio de comportamiento se realiza cuando la resolución llega al valor de 620 píxeles.

Posible resultado:

EJEMPLO DE TABLA ADAPTATIVA	
ID	1
Empresa	Consultores SA
F. Movimiento	30-12-2019
Tipo	Ingreso
Concepto	Nómina
Importe	+1268.00 €
Pago	Efectuado
ID	2

5.1.2 Diseño basado en cajas flexibles (Flexbox)

Las cajas flexibles no son nada más que otra de las formas de organizar la información a través de filas y columnas, pero, al contrario que las tablas, sus elementos pueden manipularse, ensancharse o encogerse para rellenar el espacio adicional y, con ello, representarse de manera correcta en dispositivos con poca resolución o de pequeño tamaño.

5.1.2.1 PRINCIPALES ELEMENTOS DISPONIBLES EN CSS

5.1.2.1.1 Propiedad align-content

Especifica cómo se deben distribuir los elementos verticalmente. Es una propiedad similar a ALIGN-ITEMS, pero en lugar de alinear elementos flexibles, alinea líneas flexibles. Entre sus posibles valores podemos encontrar:

CENTER: indica que las líneas de elementos deben distribuirse verticalmente por la zona media del contenedor flexible.	
FLEX-END: indica que las líneas de elementos deben distribuirse verticalmente por la zona final del contenedor flexible.	
FLEX-START: indica que las líneas de elementos deben distribuirse verticalmente por la zona inicial del contenedor flexible.	
SPACE-AROUND: indica que las líneas de elementos deben distribuirse verticalmente de forma uniforme por el contenedor flexible con espacios perceptibles en cada extremo.	
SPACE-BETWEEN: indica que las líneas de elementos deben distribuirse verticalmente de forma uniforme por los extremos del contenedor flexible.	
STRECTCH: indica que las líneas de elementos deben ajustarse verticalmente para ocupar o rellenar el espacio restante. Es el valor por defecto.	

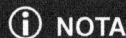 **NOTA**

La propiedad ALIGN-CONTENT sólo tendrá algún efecto cuando el modo de visualización (DISPLAY) sea FLEX y la propiedad FLEX-WRAP esté establecida a WRAP o a WRAP-REVERSE.

5.1.2.1.2 Propiedad align-items

Especifica la alineación predeterminada para los elementos que están dentro de un contenedor flexible. Entre sus posibles valores podemos encontrar:

BASELINE: indica que los elementos deben estar posicionados en la línea base del contenedor flexible.	1 2 3
CENTER: indica que los elementos deben estar posicionados en la parte central del contenedor flexible.	1 2 3
FLEX-END: indica que los elementos deben estar posicionados al final del contenedor flexible.	1 2 3
FLEX-START: indica que los elementos deben estar posicionados al principio del contenedor flexible.	1 2 3
STRECTCH: indica que los elementos deben ajustarse al alto del contenedor para rellenarlo. Es el valor por defecto.	1 2 3

 **NOTA**

La propiedad ALIGN- ITEMS sólo tendrá algún efecto cuando el modo de visualización (DISPLAY) sea FLEX y puede anularse a través de la propiedad ALIGN-SELF.

5.1.2.1.3 Propiedad allign-self

Especifica la alineación determinada para un elemento que está dentro de un contenedor flexible. Entre sus posibles valores podemos encontrar:

AUTO: indica que la alineación es inherente y que debe heredarse de la propiedad ALIGN-ITEMS definida en su contenedor. Es el valor por defecto.	1 2 3
BASELINE: indica que el elemento debe estar posicionado en la línea base del contenedor flexible.	2 1 3
CENTER: indica que el elemento debe estar posicionado en la parte central del contenedor flexible.	1 2 3
FLEX-END: indica que el elemento debe estar posicionado al final del contenedor flexible.	1 3 2
FLEX-START: indica que el elemento debe estar posicionado al principio del contenedor flexible.	2 1 3
STRECTCH: indica que el elemento se debe ajustar al alto del contenedor para rellenarlo.	1 2 3

ⓘ **NOTA**

La propiedad ALIGN- ITEMS sólo tendrá algún efecto cuando el modo de visualización (DISPLAY) sea FLEX.

5.1.2.1.4 Propiedad flex

Es una propiedad compuesta que especifica, de forma conjunta, las propiedades de crecimiento flexible, decrecimiento flexible y el ancho del elemento.

El crecimiento viene determinado por la propiedad FLEX-GROW y se establece a través de un número que indica cómo irá creciendo el elemento con respecto al resto de elementos flexibles.

El decrecimiento viene determinado por la propiedad FLEX-SHRINK y se establece a través de un número que indica cómo irá decreciendo el elemento con respecto al resto de elementos flexibles.

El ancho viene determinado por la propiedad FLEX-BASIS y se establece a través de alguna de las unidades de medida estándar de CSS.

Si se asignan los tres valores, se aplicarán en el orden anteriormente indicado, es decir, es como si se estableciese de forma independiente las variables FLEX-GROW, FLEX-SHRINK y FLEX-BASIS, en este orden.

```
li   { flex: 1 1 auto; } /* FLEX-GROW FLEX-SHRINK FLEX BASIS */
```

Si se asignan dos valores, se podrán establecer o el crecimiento y el ancho, o el crecimiento y el decrecimiento. Es decir, es como si se estableciese de forma independiente las variables FLEX-GROW y FLEX-BASIS o FLEX-GROW y FLEX-SHRINK, en este orden.

```
p    { flex: 1 100%; }   /* FLEX-GROW FLEX-BASIS */
p    { flex: 1 1; }      /* FLEX-GROW FLEX-SHRINK */
```

Si se asigna un único valor, podrá aplicarse o un crecimiento o un ancho, es decir, es como si se estableciese de forma independiente la variable FLEX-GROW o la variable FLEX-BASIS.

```
p    { flex: 1; }        /* FLEX-GROW */
p    { flex: 100%; }     /* FLEX-BASIS */
```

5.1.2.1.5 Propiedad flex-basis

Especifica el ancho inicial de un elemento flexible. Entre sus posibles valores podemos encontrar **AUTO**, que indica que el ancho es igual a la anchura predefinida del elemento flexible o, en ausencia de valor, en función de su contenido y, **[VALOR]**, que indica un valor establecido en una de las medidas permitidas de CSS.

Por ejemplo, imaginemos que tenemos un contenedor flexible con un ancho de 100 píxeles con tres elementos, en donde cada uno de ellos, tiene establecidas las propiedades FLEX-GROW y FLEX-SHRINK a 0 y la propiedad FLEX-BASIS a 33px. Esto debería producir un resultado similar al siguiente:

Ahora, si establecemos la propiedad FLEX-BASIS a 0 al segundo elemento, el resultado debería ser similar al siguiente:

Pero, si estableciésemos la propiedad FLEX-BASIS a 50px para el segundo elemento el resultado debería ser similar al siguiente:

Como se puede apreciar en la ilustración, el elemento 3 no entra en el contenedor de forma completa y se ve desbordado.

5.1.2.1.6 Propiedad flex-direction

Especifica la dirección de los elementos flexibles. Entre sus posibles valores podemos encontrar:

▸ **COLUMN**:

Indica que los elementos deben mostrarse verticalmente empezando por arriba. Un ejemplo podría ser que todos los elementos se sitúen, unos debajo de otros, desde arriba del contenedor en formación de A-B-C-D.

▸ **COLUMN-REVERSE**:

Indica que los elementos deben mostrarse verticalmente, empezando por abajo y con los elementos invertidos de orden. Un ejemplo podría ser que todos los elementos se sitúen, unos encima de otros, desde abajo del contenedor en formación de D-C-B-A.

▼ **ROW**:

Indica que los elementos deben mostrarse horizontalmente, empezando por la izquierda. Un ejemplo podría ser que los elementos se situasen todos seguidos y alineados a la izquierda en la parte superior del contenedor en formación de A-B-C-D. Es el valor por defecto.

▼ **ROW-REVERSE**:

Indica que los elementos deben mostrarse horizontalmente, empezando por la derecha y con los elementos invertidos de orden. Un ejemplo podría ser que los elementos se situasen todos seguidos y alineados a la derecha en la parte superior del contenedor en formación de D-C-B-A.

5.1.2.1.7 Propiedad flex-flow

Es una propiedad compuesta que especifica la dirección de los elementos flexibles y si deben ajustarse o no al ancho del contenedor.

El ajuste de los elementos viene determinado por la propiedad FLEX-WRAP, mientras que la dirección viene determinada por la propiedad FLEX-DIRECTION. El orden de asignación es arbitrario, es decir, se puede realizar la asignación de la propiedad a través de la dirección y el ajuste, o a la inversa.

En general, se recomienda utilizar esta, y las demás formas abreviadas, debido a que su interpretación y renderizado se realiza algo más rápido.

5.1.2.1.8 Propiedad flex-grow

Especifica la relación de crecimiento del elemento con respecto a los demás. Entre sus posibles valores podemos encontrar un valor **[NÚMERO]** y que es un valor entero que indica, por decirlo así, el factor de multiplicación con respecto a los demás. Esto es, si todos los elementos de un contenedor flexible tienen un valor asignado de 1, menos uno que tiene un valor de 3, eso querrá decir que ese elemento será tres veces mayor que el resto.

5.1.2.1.9 Propiedad flex-shrink

Especifica la relación de decrecimiento del elemento con respecto a los demás. Entre sus posibles valores podemos encontrar un valor **[NÚMERO]** y que es un valor entero que indica, por decirlo así, el factor de división con respecto a los demás. Esto es, si todos los elementos de un contenedor flexible tienen un valor asignado de 1, menos uno que tiene un valor de 3, eso querrá decir que ese elemento será tres veces menor que el resto.

5.1.2.1.10 Propiedad flex-wrap

Especifica si el elemento debe ajustarse o no al ancho del contenedor. Entre sus posibles valores podemos encontrar:

▶ **NOWRAP**:

Indica que el elemento no debe ajustarse. Es el valor por defecto.

▶ **WRAP**:

Indica que el elemento debe ajustarse si fuese necesario.

▶ **WRAP-REVERSE**:

Indica que el elemento debe ajustarse si fuese necesario, pero en orden inverso.

Por ejemplo, imaginemos que tenemos un contenedor flexible que tiene un ancho de 150 píxeles y, dentro, tiene definidos cuatro elementos de 40 por 40 píxeles cada uno. Dependiendo de cómo se establezca la propiedad FLEX-WRAP, debería producirse algo similar a uno de los siguientes resultados:

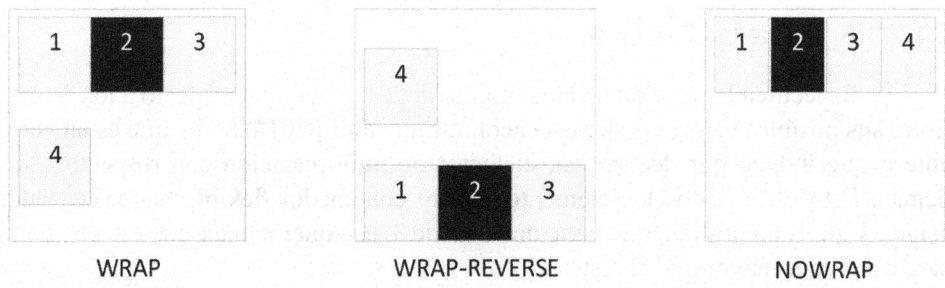

WRAP   WRAP-REVERSE   NOWRAP

5.1.2.1.11 Propiedad justify-content

Especifica la alineación horizontal para los elementos flexibles cuándo éstos no utilizan, o no cubren, todo el espacio disponible. Entre sus posibles valores podemos encontrar:

CENTER: indica que los elementos deben estar posicionados en la parte central del contenedor flexible.	1 **2** 3
FLEX-END: indica que los elementos deben estar posicionados a la derecha del contenedor flexible.	1 **2** 3
FLEX-START: indica que los elementos deben estar posicionados a la izquierda del contenedor flexible.	1 **2** 3
SPACE-BETWEEN: indica que los elementos deben ajustarse de forma que los espacios adyacentes sean iguales.	1 **2** 3
SPACE-AROUND: indica que los elementos deben ajustarse de forma que los espacios entre ellos sean iguales, a excepción del primer y último elemento, en donde los espacios, anterior al primer elemento, y posterior al último elemento, deben ser la mitad que el espacio que hay entre el resto de los elementos.	1 **2** 3

5.1.2.1.12 Propiedad order

Especifica el orden de un elemento flexible con respecto al resto de elementos que tiene a su mismo nivel. Entre sus posibles valores podemos encontrar un valor **[NÚMERO]** que es un valor entero el cual indica el orden de aparición en la horizontal de izquierda a derecha. Por defecto, su valor es 0.

Para verlo claro, si, por ejemplo, tuviésemos un contenedor flexible con tres elementos y no estableciésemos la propiedad ORDER, los elementos aparecerían colocados según orden de aparición, es decir, **1, 2, 3**. Sin embargo, si estableciésemos al primer elemento un ORDER: 2 y al segundo un ORDER: 1, lo que veríamos es que el orden de aparición en pantalla sería **2, 1, 3**.

5.1.2.2 CREACIÓN DE FLEXBOX RESPONSIVE

La creación de una estructura tipo tabla a través de cajas flexibles puede llegar a ser una tarea bastante tediosa y con comportamientos algo indeseables, como que el ancho de las celdas no se suele ajustar al ancho del contenido. Sin embargo, responden muy bien a todo tipo de resoluciones.

Dicho esto, y para ayudar a comprender mejor todo esto de las cajas flexibles, vamos a intentar implementar el mismo conjunto de datos que usamos con las tablas.

Si nos fijamos en el resultado podremos ver que, siendo los mismos datos, el modo de presentarlos en pantalla es muy diferente. Esto es, básicamente, porque las cajas flexibles están pensadas para establecer contenidos adaptables en función del ancho y no para presentar datos como si fuesen tablas.

EJEMEPLO DE TABLA CON FLEXBOX CSS						
ID	Empresa	F. Movimiento	Tipo	Concepto	Importe	Estado
1	Consultores SA	30-12-2019	Ingreso	Nómina	+1268.00 €	Efectuado
2	Carrefour	01-01-2020	Recibo	Supermercado	-128.56 €	Efectuado
3	El Corte Inglés	03-01-2020	Recibo	Chaqueta hombre L-XL	-99.99 €	Efectuado
4	El Corte Inglés	03-01-2020	Recibo	Pantalón hombre M-L	-48.50 €	Efectuado

Para hacer esto basta con crear una estructura de datos a modo de un DIV contenedor que posea tantos DIV como filas tenga (incluyendo la cabecera y el título de la tabla) y, dentro de cada uno de estos, tantos DIV como columnas tenga cada fila. Algo como:

```
<div class="flexbox">
    <div class="caption">EJEMEPLO DE TABLA CON FLEXBOX CSS</div>

    <div class="row header">
        <div class="col">ID</div>
        <div class="col">Empresa</div>
        <div class="col">F. Movimiento</div>
        <div class="col">Tipo</div>
        <div class="col">Concepto</div>
        <div class="col">Importe</div>
        <div class="col">Estado</div>
```

```
    </div>

    <div class="row">
        <div class="col">1</div>
        <div class="col">Consultores SA</div>
        <div class="col">30-12-2019</div>
        <div class="col">Ingreso</div>
        <div class="col">Nómina</div>
        <div class="col">+1268.00 €</div>
        <div class="col">Efectuado</div>
    </div>

    <div class="row">...</div>
    ...
</div>
```

Después, sólo necesitaremos definir el sistema de cajas flexibles a las clases **.ROW** y **.COL**, y unos cuantos estilos adicionales:

Código CSS

```
.flexbox .caption { display: block; text-align: center; font-weight:
600;
                    background: #000; color: #fff; }
.flexbox           { border: 1px solid #ccc; }
.flexbox .row      { display: flex; width: 100%; max-width: 100%;margin:
0;}
.flexbox .col      { border: 1px solid #ccc; display: flex;
                     flex-flow: column nowrap; justify-content: flex-start;
                     align-items: flex-start; flex: 1 1 100%; margin: 1px;
                     padding: 0 5px; max-width: calc(100% / 7); }
.flexbox .header .col { font-weight: 600; }
```

5.1.3 Diseño basado en cuadrículas (Grid Layout)

El diseño basado en cuadrículas no es más que un sistema más actual para realizar diseños de estructuras bidimensionales. Sin embargo, tiene una gran diferencia y es que no requiere de contenedores diferenciables para filas y columnas ya que nos permite alinear los elementos a través de CSS, lo que ahorra en HTML y disminuye la carga del DOM (Document Object Model y representa la interfaz de programación para documentos HTML y XML), el cual se verá más adelante.

El diseño en Grid Layout se puede utilizar para obtener muy diversos resultados, pero desde una perspectiva diferente a las vistas hasta ahora. Dado que puede ser algo muy complicado y largo de explicar, aquí presentaremos lo más básico para empezar a trabajar. Si se desea más información se recomienda visitar la página de MDN Web Docs en *https://developer.mozilla.org/es/docs/Web/CSS/CSS_ Grid_Layout* o la página de CSS Tricks *https://css-tricks.com/snippets/css/complete- guide-grid/*, la cual está en inglés.

5.1.3.1 PRINCIPALES ELEMENTOS DISPONIBLES EN CSS

5.1.3.1.1 Propiedad display

Especifica que vamos a definir un contenedor de cuadrículas. Entre sus posibles valores podemos encontrar **GRID**, que indica que se va a definir un grid a nivel de bloque y **INLINE-GRID**, que indica que se va a definir un grid a nivel de línea.

5.1.3.1.2 Propiedades grid-template-rows y grid-template-columns

Especifican las filas y columnas de la cuadrícula mediante una lista de valores que definen el tamaño y espacio entre sus elementos separados por espacios. El tamaño puede ser descrito a través de una de las unidades de media de CSS o por la palabra clave **FR**, que es lo más frecuente y representa una fracción del espacio libre en la cuadrícula.

El siguiente ejemplo describiría un grid de 4 filas por 7 columnas:

```
.grid {
    display: grid;
    grid-template-columns: 1fr 1fr 1fr 1fr 1fr 1fr 1fr;
    grid-template-rows: 1fr 1fr 1fr 1fr;
    gap: 5px;
}
```

Suponiendo que tengamos un contenedor grid con 28 elementos de caja (p.e. DIV) como hijos directos. El resultado debería ser similar a:

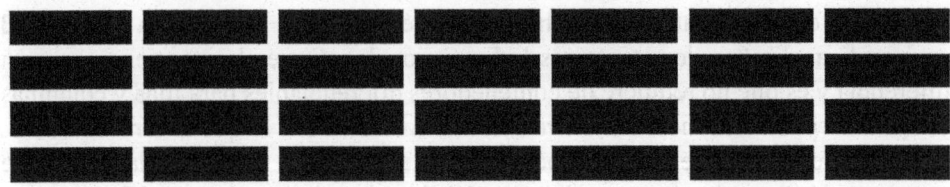

5.1.3.1.3 Propiedades grid-row-start y grid-row-end , grid-column-start, grid-column-end

Especifican la ubicación de los elementos dentro de la cuadrícula haciendo referencia a posiciones específicas.

Mientras que las propiedades **GRID-COLUMN-START** y **GRID-ROW-START** son para asignar la posición donde comienzan, **GRID-COLUMN-END** y **GRID-ROW-END** son para posición donde terminan. Para que lo veamos un poco más claro, veamos el siguiente ejemplo:

```
.large-item {
  grid-column-start: 2;
  grid-column-end: five;
  grid-row-start: row1-start;
  grid-row-end: 3;
}
```

Suponiendo que tengamos un contenedor grid con 19 elementos de caja (p.e. DIV) como hijos directos. Si a uno de estos DIV le asignamos esta clase, el resultado debería ser similar a:

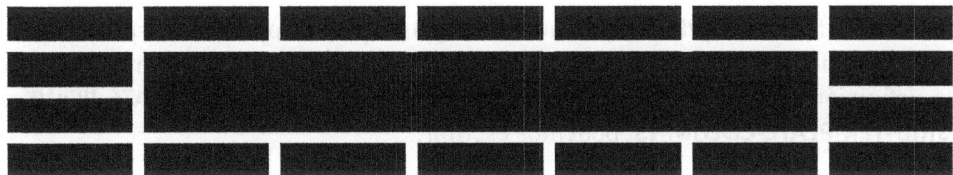

5.1.3.1.4 Propiedad align-items y justify-items

Especifican cómo se deben distribuir los elementos horizontal y/o verticalmente. Estas propiedades son similares a sus homólogas de Flexbox ALIGN-ITEMS y JUSTIFY-CONTENT, pero en lugar de alinear elementos flexibles, alinea cuadrículas.

Entre sus posibles valores podemos encontrar **STRETCH**, que es el valor por defecto e indica que las cuadrículas se ajusten al alto disponible de la celda, **START**, que indica que los elementos se coloquen en la parte inicial de su celda, **END**, que indica que los elementos se coloquen en la parte final de su celda, **CENTER**, que indica que los elementos se coloquen en la parte central de su celda y **BASELINE**, que indica que los elementos se alineen a lo largo de la línea de base del texto.

Para que veamos un poco el comportamiento de estas propiedades lo mejor es que lo pongamos en práctica, sin embargo, a continuación, mostraremos un caso de uso particular que es cuando, ambas propiedades, están declaradas como **CENTER**.

```css
.grid {
    display: grid;
    grid-template-columns: 1fr 1fr 1fr 1fr 1fr 1fr 1fr;
    grid-template-rows: 1fr 1fr 1fr 1fr;
    gap: 5px;
    align-items: center;
    justify-items: center;
}
```

El resultado debería ser similar a:

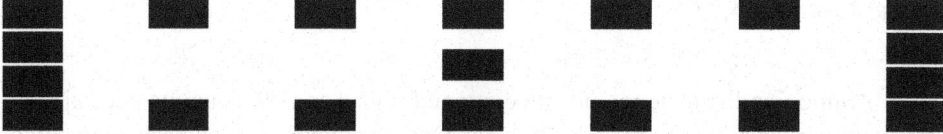

5.1.3.1.5 Función repeat y las palabras clave

La función **REPEAT** es un método elegante que nos permite ahorrar tiempo a la hora de definir el tamaño de las cuadrículas o celdas. Por ejemplo, en vez de usar la definición anterior que se mostró en las propiedades **GRID-TEMPLATE-ROWS** y **GRID-TEMPLATE-COLUMNS**, podemos escribir:

```css
.grid {
    display: grid;
    grid-template-columns: repeat(7, 1fr);
    grid-template-rows: repeat(4, 1fr);
    gap: 5px;
}
```

No obstante, la potencia de esta función reside en las palabras clave que puede utilizar. Entre sus posibles palabras clave hay que destacar **AUTO-FILL**, que indica que se ajusten tantas columnas como sea posible en una fila, incluso si, éstas, están vacías, **AUTO-FIT**, que indica que las columnas se coloquen según el espacio disponible y **MINMAX**, que indica o establece el ancho mínimo y máximo para cada cuadrícula o celda.

Por ejemplo, en el caso anterior que teníamos un grid con 28 celdas, y que respondería perfectamente con el código mostrado en la parte superior de este mismo apartado, podríamos haber definido un ajuste automático con unos valores de máximo y mínimo predefinidos:

```
.grid {
    display: grid;
    grid-template-columns: repeat(auto-fill, minmax(150px, 1fr));
    grid-template-rows: minmax(max-content, 1fr);
    gap: 5px;
}
```

Sin embargo, esta regla CSS tiene un gran problema y es que sólo nos resultará válida cuando el ancho del contenedor o elemento padre sea múltiplo entero del número de columnas, en este caso 7. La razón de por qué no sería válido es porque, en cuanto el ancho del contenedor o padre sea 8 o más, las celdas que deberían formar una columna se mostrarán en diagonal.

En realidad, este es un problema que hemos causado a propósito para ver una casuística específica, pero, al definir **GRID-TEMPLATE-COLUMNS** como un **REPEAT** sencillo y poner el **GRID-TEMPLATE-ROWS** como se indica en este último ejemplo, se consigue un comportamiento bastante similar al de las tablas de HTML, todo ello, con considerable menos código CSS.

5.1.3.2 CREACIÓN DE GRID RESPONSIVE

La creación de una estructura tipo tabla a través de grids puede llegar a ser una tarea algo confusa si no se sabe muy bien lo que hacer, pero, al final resulta un método más que sencillo para formatear datos en dos dimensiones y responden muy bien a todo tipo de resoluciones.

Dicho esto, si nos fijamos en el resultado podremos ver que, siendo los mismos datos que hemos ido mostrando a lo largo de este capítulo, el modo de presentarlos en pantalla puede llegar a ser muy diferente a uno u otro modelo. Esto es, básicamente, porque las cuadrículas están pensadas para establecer contenidos adaptables en función del ancho y presentarlos como si fuesen tablas.

EJEMEPLO DE TABLA CON GRID CSS						
ID	Empresa	F. Movimiento	Tipo	Concepto	Importe	Estado
1	Consultores SA	30-12-2019	Ingreso	Nómina	+1268.00 €	Efectuado
2	Carrefour	01-01-2020	Recibo	Supermercado	-128.56 €	Efectuado
3	El Corte Inglés	03-01-2020	Recibo	Chaqueta hombre L-XL	-99.99 €	Efectuado
4	El Corte Inglés	03-01-2020	Recibo	Pantalón hombre M-L	-48.50 €	Efectuado

Para hacer esto basta con crear una estructura de datos a modo de un DIV contenedor que dentro posea dos DIV, uno para el título y otro para los datos. Dentro de este último DIV , deberemos establecer tantos DIV como filas y columnas se dispongan, es decir, deberemos establecer tantos DIV como celdas tenga el grid. Algo como:

```html
<div class="grid">
    <div class="caption">EJEMEPLO DE TABLA CON FLEXBOX CSS</div>

    <div class="row">
        <div class="col">ID</div>
        <div class="col">Empresa</div>
        <div class="col">F. Movimiento</div>
        <div class="col">Tipo</div>
        <div class="col">Concepto</div>
        <div class="col">Importe</div>
        <div class="col">Estado</div>

        <div class="col">1</div>
        <div class="col">Consultores SA</div>
        <div class="col">30-12-2019</div>
        <div class="col">Ingreso</div>
        <div class="col">Nómina</div>
        <div class="col">+1268.00 €</div>
        <div class="col">Efectuado</div>

        <div class="col">2</div>
        ...
    </div>
</div>
```

Después, sólo necesitaremos definir el sistema de grid a la clase **.ROW** y unos cuantos estilos adicionales:

Código CSS

```css
.grid .row     { display: grid; grid-template-columns: repeat(7, 1fr);
                 grid-template-rows: minmax(max-content, 1fr);
                 padding: 1px 1px; border: 1px solid #ccc; }
.grid .caption { display: block; text-align: center; font-weight: 600;
                 background: #000; color: #fff; }
.grid .col     { border: 1px solid #ccc; margin: 1px; padding: 0 5px; }
.grid .row .col:nth-child(-n+7) { font-weight: 600; }
```

5.2 INSERCIÓN DE UN BACKGROUND

La inserción de backgrounds se suele hacer a través de CSS, un lenguaje que posee una gran variedad de propiedades para el manejo y manipulación de imágenes. A continuación, se muestran la mayor parte de ellas, si no todas.

5.2.1 Propiedades CSS disponibles

5.2.1.1 PROPIEDAD BACKGROUND-ATTACHMENT

Especifica si la imagen establecida por BACKGROUND-IMAGE debe desplazarse con el resto del documento o debe quedarse fija. Entre sus posibles valores podemos encontrar **SCROLL**, que indica cómo se desplazará la imagen con el documento y es el valor por defecto, **FIXED**, que especifica que la imagen debe mantenerse fija, es decir, sin responder al desplazamiento de la página o documento y **LOCAL**, que indica que la imagen debe desplazarse con el contenido del elemento al que está asociada.

5.2.1.2 PROPIEDAD BACKGROUND-CLIP

Especifica cómo debe extenderse el fondo, gradiente o imagen dentro del elemento actual.

Entre sus posibles valores podemos encontrar **BORDER-BOX**, que indica que el fondo debe extenderse incluyendo el borde del elemento y es el valor por defecto, **PADDING-BOX**, que indica que el fondo debe extenderse sin incluir el borde del elemento y **CONTENT-BOX**, que indica que el fondo debe extenderse hasta donde empieza el espacio útil para el contenido del elemento sin incluir el margen interno.

5.2.1.3 PROPIEDAD BACKGROUND-IMAGE

Especifica una o varias imágenes o gradientes para un elemento. Entre sus posibles valores podemos encontrar **[URL]**, que indica la dirección de la imagen que se establecerá como fondo, **NONE**, que es el valor por defecto e indica que no se aplique fondo alguno y los posibles valores de **LINEAR-GRADIENT**, **RADIAL-GRADIENT**, **REPEATING-LINEAR-GRADIENT** y **REPEATING-RADIAL-GRADIENT**, comentados anteriormente en el apartado de funciones gráficas del capítulo de Introducción al CSS.

5.2.1.4 PROPIEDAD BACKGROUND-ORIGIN

La propiedad BACKGROUND-ORIGIN funciona de forma similar a la propiedad BACKGROUND-CLIP y especifica la posición de origen de una imagen de fondo.

Entre sus posibles valores podemos encontrar **BORDER-BOX**, que indica que la imagen empezará en la esquina superior izquierda del borde, **PADDING-BOX**, que es el valor por defecto e indica que la imagen empezará en la esquina superior izquierda del límite del margen interno y **CONTENT-BOX**, que indica que la imagen empezará en la esquina superior izquierda del límite del contenido.

5.2.1.5 PROPIEDAD BACKGROUND-POSITION

Especifica la posición inicial del fondo. Entre sus posibles valores podemos encontrar **[POSICIÓN]**, que indica un valor de posicionamiento. Puede ser una combinación de palabras clave como son LEFT TOP, LEFT CENTER, LEFT BOTTOM, CENTER TOP, CENTER CENTER, CENTER BOTTOM, RIGHT TOP, RIGHT CENTER, RIGHT BOTTOM, o un valor establecido en una de las medidas permitidas de CSS.

A continuación, se muestra una ilustración con cada uno de los significados:

LEFT TOP	CENTER TOP	RIGHT TOP
LEFT CENTER	CENTER CENTER	RIGHT CENTER
LEFT BOTTOM	CENTER BOTTOM	RIGHT BOTTOM

5.2.1.6 PROPIEDAD BACKGROUND-REPEAT

Especifica si la imagen establecida como fondo debe repetirse y cómo debe hacerlo. Entre sus posibles valores podemos encontrar **REPEAT**, que es el valor por defecto e indica que la imagen debe repetirse tanto horizontal, como verticalmente, **REPEAT-X**, que indica que la imagen debe repetirse sólo horizontalmente, **REPEAT-Y**, que indica que la imagen debe repetirse sólo verticalmente, **NO-REPEAT**, que indica que la imagen NO debe repetirse, **SPACE**, que indica que la imagen debe repetirse tanto como sea posible, siempre y cuando, no se deforme ni se corte y **ROUND**, que indica que la imagen debe repetirse para llenar el espacio del elemento, aunque eso implique que sea deformada.

5.2.1.7 PROPIEDAD BACKGROUND-SIZE

Especifica el tamaño del fondo.

Entre sus posibles valores podemos encontrar **AUTO**, que es el valor por defecto e indica que el tamaño de la imagen debe ser igual al tamaño original, **COVER**, que indica que el tamaño de la imagen debe ajustarse para cubrir todo el contenedor o elemento, aunque eso implique que la imagen se corte por los extremos, **CONTAIN**, que indica que el tamaño de la imagen debe ajustarse para asegurarse de que sea totalmente visible. Cuando este valor se utiliza, lo normal es que se generen espacios en blanco en alguno de los extremos del elemento y **[VALOR]**, que indica un valor establecido en una de las medidas permitidas de CSS.

5.2.1.8 PROPIEDAD OBJECT-POSITION

Especifica donde se debe colocar el elemento con respecto a su elemento padre o contenedor. Entre sus posibles valores podemos encontrar:

▶ **FILL**:

Indica que el elemento será ajustado al tamaño del contenedor, aunque este deba ser deformado, si así se requiere. Es el valor por defecto.

▶ **CONTAIN**:

Indica que el elemento será ajustado con respecto al tamaño del contenedor, pero guardando la relación de aspecto para que entre todo su contenido en el espacio disponible.

▶ **COVER**:

Indica que el elemento será ajustado con respecto al tamaño del contenedor, pero guardando la relación de aspecto para llenar el espacio disponible. Este valor puede hacer que se corte información por los extremos.

▶ **NONE**:

Indica que el elemento NO será ajustado ni deformado.

▶ **[POSICIÓN]**:

Indica un valor de posicionamiento. Puede ser una combinación de palabras clave como son LEFT TOP, LEFT CENTER, LEFT BOTTOM, CENTER TOP, CENTER CENTER, CENTER BOTTOM, RIGHT TOP, RIGHT CENTER, RIGHT BOTTOM, o un valor establecido en una de las medidas permitidas de CSS.

Nota

Esta propiedad sólo es aplicable a los elementos IMG y VÍDEO.

5.2.2 Adaptación receptiva y adaptativa

Cada vez más, accedemos a los contenidos web desde muy diferentes dispositivos con distintos tamaños y resoluciones. Esto provoca que los diseñadores y desarrolladores tengan que ingeniárselas para mostrar los contenidos de forma que no pierdan información, calidad o relación de aspecto.

Hasta no hace tanto, era habitual ver las imágenes deformadas o con espacios en "blanco" alrededor, lo que provocaba sensación de mala calidad, mal gusto o una imagen corporativa descuidada. Pero entonces, apareció el concepto de diseño receptivo o adaptativo y, con él, varias técnicas de adaptación de contenidos que trataban de conseguir que las imágenes se viesen de forma adecuada.

Aunque, a primera vista, no es la misma la información dependiendo del dispositivo en el que se muestra la imagen, toda la información está disponible. Esto es posible gracias a la implementación de funcionalidades adicionales que permiten, entre otras cosas, agrandar o empequeñecer la imagen o captar cualquier punto de esta a través de un desplazamiento.

Dicho esto, las imágenes receptivas o adaptativas pueden conseguirse, fundamentalmente, a través de varios métodos o técnicas, que suelen implementarse de forma combinada. En nuestro caso, si lo que se desea es hacer que se cargue una u otra imagen a través de CSS como fondo o background y en función de la resolución, la manera más sencilla de conseguir esto es utilizar las variaciones de la propiedad BACKGROUND, en combinación con la regla @MEDIA.

Supongamos una situación en la que tenemos cuatro versiones de una misma imagen y, lo que se desea hacer es presentar la imagen como fondo de un elemento DIV, pero con la condición de que se cargue una u otra versión en función de la resolución.

Una posibilidad podría ser el siguiente código:

```
<style>
    .banner {
        background-image: url(imagen-640x360.jpg);
        border-bottom: 1px solid rgba(0,0,0,0.1);
```

```
        color: #fff;
        display: block;
        height: 100vh;
        position: relative;
        text-align: center;
        width: 100%;
    }

    @media (min-width: 800px) {
        .banner { background-image: url(imagen-1280x720.jpg); }
    }

    @media (min-width: 1400px) {
        .banner { background-image: url(imagen-1920x1080.jpg); }
    }

    @media (min-width: 2000px) {
        .banner { background-image: url(imagen-2560x1440.jpg); }
    }
</style>

<div class="banner"><div>
```

Basándonos en disciplina de Mobile First, lo que se conseguirá con esta solución es definir la imagen de menor resolución que se desea cargar y, según se vaya detectando que el dispositivo admite una mayor resolución, se irá sobrescribiendo la propiedad BACKGROUND-IMAGE para seleccionar la imagen que más se ajusta al escenario actual.

5.3 CREACIÓN DE HIPERVÍNCULOS EN REGIONES DE LA PANTALLA

La creación de hipervínculos en diferentes regiones de la pantalla es una técnica común en el diseño web para facilitar la navegación del usuario y mejorar la experiencia general. A continuación, se muestran algunas formas de crear hipervínculos en diferentes regiones de la pantalla:

5.3.1 Texto con hipervínculos

Una forma básica de crear hipervínculos es mediante texto enlazado. Puedes utilizar la etiqueta <a> de HTML para crear enlaces a otras páginas web, secciones de la misma página o recursos externos. Por ejemplo:

```
<a href="pagina.html">Enlace a otra página</a>
```

5.3.2 Imágenes con hipervínculos

Otra opción es utilizar imágenes como enlaces. Simplemente envuelve la etiqueta <img> con la etiqueta <a> y especifica la URL a la que deseas que se dirija el enlace cuando se haga clic en la imagen. Por ejemplo:

```
<a href="pagina.html">
    <img src="imagen.jpg" alt="Descripción de la imagen">
</a>
```

5.3.3 Mapas de imagen

Un enfoque más avanzado es utilizar mapas de imagen HTML, que, como hemos visto anteriormente, permiten definir áreas específicas de una imagen como enlaces separados. Para ello, deberemos crear un mapa de imagen con la etiqueta <map> y definir áreas de enlace con la etiqueta <area>.

Un ejemplo podría ser:

```
<img src="plano.png" alt="Plano de la casa" usemap="#planomap">
<map name="planomap">
    <area shape="rect"
          coords="0,0,100,100"
          href="pagina1.html"
          alt="Área 1">
    <area shape="rect"
          coords="100,0,200,100"
          href="pagina2.html"
          alt="Área 2">
</map>
```

5.3.4 CSS para estilizar hipervínculos

También es posible usar CSS para estilizar los hipervínculos y hacer que destaquen en la página. Para ello, podemos cambiar el color, la fuente, el tamaño y otros atributos de estilo y conseguir que los enlaces sean más visibles y atractivos. Por ejemplo, una posible aplicación de esto podría ser:

```
a {
        color: blue;
        text-decoration: underline;
}

a:hover {
        color: red;
}
```

Al utilizar estas técnicas, puedes crear hipervínculos en diferentes regiones de la pantalla de manera efectiva y mejorar la navegación y la usabilidad de tu sitio web.

5.4 LIMITACIONES DEL TAMAÑO DE LAS PÁGINAS

Las limitaciones del tamaño de las páginas web pueden afectar la experiencia del usuario y la eficiencia del sitio. Algunas de las limitaciones comunes incluyen:

▸ **Velocidad de carga**:

Las páginas web demasiado grandes pueden tardar mucho tiempo en cargarse, especialmente en conexiones a Internet lentas o dispositivos móviles. Si esto se produce, puede provocar una mala experiencia del usuario y a una alta tasa de abandono del sitio.

▸ **Consumo de ancho de banda**:

Las páginas web grandes consumen más ancho de banda, lo que puede aumentar los costos de alojamiento web y afectar el rendimiento del servidor. Por ello, es especialmente importante que las páginas estén optimizadas en lo que a tamaño en bytes se refiere y que los contenidos se transfieran minimizados y comprimidos.

➤ **Compatibilidad del navegador**:

Algunos navegadores pueden tener dificultades para renderizar páginas web muy grandes, lo que puede provocar problemas de rendimiento o errores de visualización. Por ello, es importante probar el sitio en una variedad de navegadores y dispositivos para garantizar una experiencia consistente.

➤ **SEO**:

Las páginas web demasiado grandes pueden afectar negativamente el rendimiento del sitio en los motores de búsqueda. De hecho, los motores de búsqueda suelen penalizar los sitios con tiempos de carga lentos o contenido excesivo, lo que puede afectar el ranking en los resultados de búsqueda.

➤ **Experiencia del usuario**:

Las páginas web grandes pueden ser abrumadoras para los usuarios y dificultar la legibilidad, navegación y búsqueda de información. Por ello, es importante mantener el contenido relevante y organizado y facilitar su legibilidad, usabilidad y accesibilidad.

Cabe destacar que, para evitar estas limitaciones, es importante optimizar el tamaño de las páginas web mediante técnicas como la compresión de imágenes, la minificación de archivos CSS y JavaScript, el uso de la paginación para dividir el contenido en páginas más pequeñas, y el uso de CDN (Content Delivery Network) para mejorar la velocidad de carga del sitio.

5.5 OPTIMIZACIÓN DEL TAMAÑO DE LOS GRÁFICOS PARA UNA MAYOR RAPIDEZ

La optimización del tamaño de los gráficos es fundamental para garantizar una mayor velocidad de carga de las páginas web. A continuación, se muestran algunas técnicas que se pueden utilizar para optimizar el tamaño de los gráficos:

➤ **Uso el formato de archivo adecuado**:

Se debe seleccionar el formato de archivo más adecuado para los gráficos. Esto es, puede que una imagen en JPEG ocupe más que en PNG o WEBP o que la imagen deba ser transparente, lo que requerirá casi seguir que sea un PNG o SVG.

▶ **Compresión de las imágenes**:

Comprimir y optimizar las imágenes permite reducir el tamaño de los archivos y mejorar los tiempos de carga de las páginas. Puede utilizar herramientas online como TinyPNG (*https://tinypng.com/*) u otros servicios de optimización de imágenes online.

▶ **Reduce la resolución**:

Otra técnica que se puede utilizar es reducir la resolución de las imágenes a la resolución necesaria para su visualización en pantalla. Recordemos que no es necesario utilizar una resolución muy elevada para las imágenes web, ya que esto aumentará innecesariamente el tamaño del archivo.

▶ **Eliminar metadatos y datos EXIF**:

Algunas imágenes pueden contener metadatos y datos EXIF que no son necesarios para su visualización en la web. Por ello, puede ser una buena idea eliminar estos datos antes de subir las imágenes a los sitios web y, así, reducir el tamaño de los archivos.

▶ **Uso sprites CSS**:

Los sprites CSS son una técnica que consiste en combinar múltiples imágenes en una sola imagen y utilizar CSS para mostrar partes específicas de la imagen en diferentes partes de la página. Esto reduce el número de solicitudes de servidor y mejora el rendimiento del sitio.

▶ **Optimiza la carga de imágenes bajo demanda**:

Una de las técnicas más utilizadas hoy en día es la carga "lazy", la cual permite cargar las imágenes sólo cuando sean necesarias. Esto evitará que se carguen todas las imágenes al mismo tiempo y mejorará significativamente los tiempos de carga de la página.

5.6 LIMITACIONES DE LA POSICIÓN DE LOS ELEMENTOS

Las limitaciones de la posición de los elementos en una página web pueden afectar la disposición y el diseño del sitio. Algunas de estas limitaciones son:

▶ **Flujo normal del documento**:

Los elementos en una página web siguen el flujo normal del documento a menos que se les apliquen estilos específicos. Esto significa que los elementos se apilan uno encima del otro en el orden en que aparecen en el HTML, a menos que se especifique lo contrario con CSS a través de la propiedad "z-index".

► **Posicionamiento relativo**:

El posicionamiento relativo permite desplazar un elemento de su posición normal sin afectar el diseño de otros elementos. Sin embargo, los elementos con posicionamiento relativo aún ocupan espacio en el flujo normal del documento, por lo que pueden afectar el diseño de otros elementos circundantes.

► **Posicionamiento absoluto**:

El posicionamiento absoluto elimina un elemento del flujo normal del documento y lo coloca en una ubicación específica en relación con su contenedor más cercano o con el cuerpo del documento. Esto puede ser beneficioso en algunos casos, sobre todo cuando su elemento padre tiene posicionamiento relativo, pero puede causar superposiciones y problemas de diseño si no se gestiona correctamente.

► **Limitaciones de espacio**:

El tamaño de la ventana del navegador y la resolución de la pantalla pueden imponer limitaciones al diseño y la disposición de los elementos en una página web. Por ello, es importante tener en cuenta estas limitaciones al diseñar un sitio web de forma que se garantice que sea accesible y se renderice correctamente en todos los dispositivos y tamaños de pantalla.

► **Compatibilidad del navegador**:

Algunos navegadores pueden interpretar el posicionamiento de los elementos de manera diferente, lo que puede llevar a discrepancias en la apariencia y el diseño del sitio. Por ello, es importante realizar pruebas en diferentes navegadores para garantizar una experiencia consistente para todos los usuarios.

► **Tamaño del contenido**:

El contenido dinámico, como imágenes o texto generado por el usuario, puede cambiar el tamaño y la posición de los elementos en una página web. Por esta razón, es importante tener en cuenta estos cambios potenciales al diseñar y diseñar el sitio.

5.7 FORMATOS DE GRÁFICOS ADMITIDOS

Los navegadores web admiten una variedad de formatos de gráficos para mostrar imágenes y otros elementos visuales en las páginas web. Sin embargo, no todos son compatibles con todos los navegadores.

Algunos de los formatos de gráficos más comunes admitidos por los navegadores web incluyen:

▼ **JPEG (Joint Photographic Experts Group):**

JPEG es un formato de compresión de imágenes que es adecuado para fotografías y otras imágenes con gradientes de color suaves. Proporciona una buena calidad de imagen con tamaños de archivo relativamente pequeños.

▼ **PNG (Portable Network Graphics):**

PNG es un formato de imagen sin pérdida que admite transparencia alfa, lo que lo hace ideal para imágenes con partes transparentes o totalmente transparentes. Es ampliamente utilizado para logotipos, gráficos y otras imágenes con áreas transparentes.

▼ **GIF (Graphics Interchange Format):**

GIF es un formato de imagen que admite animaciones simples y transparencia. Aunque tiene una paleta de colores limitada y no es adecuado para fotografías de alta calidad, es popular para imágenes animadas y gráficos simples en la web. No obstante, es un formato en desuso ya que las animaciones se suelen hacer por CSS y la compresión de las imágenes no es muy efectiva.

▼ **SVG (Scalable Vector Graphics):**

SVG es un formato de gráfico vectorial basado en XML que es escalable y puede ser manipulado con CSS y JavaScript. Es ideal para gráficos e iconos que necesitan ser escalados sin pérdida de calidad.

▼ **WEBP:**

WEBP es un formato de imagen desarrollado por Google que ofrece una compresión más eficiente que JPEG y PNG. Proporciona una alta calidad de imagen con tamaños de archivo más pequeños, lo que puede ayudar a mejorar los tiempos de carga de la página.

Estos son sólo algunos de los formatos de gráficos admitidos por los navegadores web. La elección del formato adecuado depende del tipo de imagen, los requisitos de calidad y tamaño de archivo, y las capacidades de compresión necesarias para una experiencia web óptima.

REFERENCIAS

Casado, P. E. (2020). *Diseño y Construcción de Páginas Web.* RA-MA.

Casado, P. E. (2020). *Domine JavaScript 4ª Edición.* RA-MA.

Casado, P. E. (2021). *UX Design - Hazlo fácil pensando en el usuario.* Madrid: RA-MA.

World Wide Web Consortium. (2023, Febrero). *W3C.* Retrieved from https://www.w3.org

MATERIAL ADICIONAL

El material adicional de este libro puede descargarlo en nuestro portal web: *https://www.ra-ma.es*.

Debe dirigirse a la ficha correspondiente a esta obra, dentro de la ficha encontrará el enlace para poder realizar la descarga.

Cuando descomprima el fichero obtendrá los archivos que complementan al libro para que pueda continuar con su aprendizaje.

INFORMACIÓN ADICIONAL Y GARANTÍA

- ☞ RA-MA EDITORIAL garantiza que estos contenidos han sido sometidos a un riguroso control de calidad.

- ☞ Los archivos están libres de virus, para comprobarlo se han utilizado las últimas versiones de los antivirus líderes en el mercado.

- ☞ RA-MA EDITORIAL no se hace responsable de cualquier pérdida, daño o costes provocados por el uso incorrecto del contenido descargable.

- ☞ Este material es gratuito y se distribuye como contenido complementario al libro que ha adquirido, por lo que queda terminantemente prohibida su venta o distribución.